품격 있는 어른이 되기 위한 마음수업

품격 있는 어른이
되기 위한 마음수업

초판 1쇄 인쇄 _ 2024년 6월 25일
초판 1쇄 발행 _ 2024년 7월 5일

지은이 _ 김도연

펴낸곳 _ 바이북스
펴낸이 _ 윤옥초
책임 편집 _ 김태윤
책임 디자인 _ 이민영

ISBN _ 979-11-5877-376-2 03190

등록 _ 2005. 7. 12 | 제 313-2005-000148호

서울시 영등포구 선유로49길 23 아이에스비즈타워2차 1005호
편집 02)333-0812 | **마케팅** 02)333-9918 | **팩스** 02)333-9960
이메일 bybooks85@gmail.com
블로그 https://blog.naver.com/bybooks85

책값은 뒤표지에 있습니다.

책으로 아름다운 세상을 만듭니다. ― 바이북스

미래를 함께 꿈꿀 작가님의 참신한 아이디어나 원고를 기다립니다.
이메일로 접수한 원고는 검토 후 연락드리겠습니다.

행복하고 건강한 노년을 준비하는 비법

김도연 지음

품격 있는
어른이
되기 위한
마음수업

바이북스
ByBooks

어른다운 어른이 되기 위한 마음수업

누구나 반드시 죽는다. 세상에서 죽음만큼 공평한 건 없다. 생물학적 관점에서 그렇다. 하지만 사회학적인 측면에서 바라보면 죽음의 의미와 가치는 죽는 사람의 숫자만큼이나 천차만별이다. 마더 테레사처럼 거룩한 죽음이 있는가 하면 온갖 악행 끝에 형장의 이슬로 사라지는 죽음도 있다. 사회학적 죽음에는 숨을 거두기 직전까지 삶에 대한 평가가 고스란히 투영된다. 그러니 관 뚜껑이 덮이기 전까지 잘 살아야 한다.

그럼, "어떻게 잘 살 것인가?"

인생의 진로를 탐색하는 청소년기부터 은퇴 후 인생 2막을 여는 중장년에 이르기까지, 살아가는 내내 고심할 수밖에 없는 영원한 화두다. 초고령화 사회를 맞고 있는 대한민국의 현실을 직시하면 이 질문은 모두에게 더 무게 있게 다가온다. 특히 노년의 삶에서 어떻게 살 것인가 하는 문제는 예전보다 한층 의미 깊게 받아들이지 않을 수 없다. 의학 기술의 발전과 생활환경의 개선 등으로 평균수명이 길어지면서 고령화 사회는 이제 피할 수 없는 현실이 됐기 때문이다.

통계청에 따르면 65세 이상 고령인구 구성비는 2025년이면 20%를 넘어선다. 길을 걷다가 5명 중 1명꼴로 65세 이상 노인을 만나는 초고령 사회에 접어들게 된다는 얘기다. 2020년 100세 이상의 초고령 인구는 5,581명으로 1990년 459명보다 10배 이상 증가했다. 2067년에는 12만 6,000명에 달할 것으로 전망한다. '100세 시대'를 절감하는 대목이다.

하지만 60세 정년 이후에도 앞으로 남은 40년 동안 어떻게 살아야 할지 모르고 대부분 준비 없이 퇴직하는 게 현실이다.

길어진 삶의 시간이 축복인지 아닌지는 늘어난 시간을 어떻게 활용하는가에 달려 있다.

이 책은 '100세 시대 · 초고령화 시대'를 맞아 노년기 바람직한 삶의 모습을 제시할 것이다. 나이 듦에 대한 막연한 두려움에서 벗어나 죽을 때까지 활기차고 품위 있는 삶을 살기 위해 갖춰야 할 덕목을 세심하게 추려 담았다. 젊은 세대에게 짐이 되거나 부정적인 모습으로 비치는 시니어가 아닌 당당하고 품격 있는 인생 선배가 되는 길을 모색했다. '어른다운 어른'이 되기 위한 '마음수업'이다.

100세 시대에 접어들면서 은퇴나 정년이라는 개념이 점차 흐려짐에 따라, 앞으로는 늘어난 수명만큼 행복을 찾을 수 있는 길을 찾아야 한다는 점은 누구나 공감한다. 하지만 60 이후 남은 인생을 어떻게 살아야 할 것인가에 대한 논의나 저작은 주로 재테크나 건강, 취미 등에 초점을 두고 있다.

이 책에서는 '어른다운 어른의 품격을 갖춘 시니어''인간다운 매력을 갖춘 시니어'가 되기 위한 조건으로 마음 챙김과 교양의 중요성을 강조하며, 이를 위한 실천 덕목을 고독력·유머·배려·호기심·글쓰기·베풂·배려·감사·휴식 등 41개 키워드로 제시한다. 어떻게 나이 들고 죽음을 맞이할 것인가를 모색한 '나이 듦의 미학'부터 '나이 먹을수록 가치 있는 독서의 매력', '인생 2막, 글쓰기가 필요한 이유', '중장년에 빛나는 외모'에 이르기까지 노년기 삶을 환하게 비춰줄 마음수업을 가능한 모든 방면에서 탐색했다.

길게 보면 책이 나오기까지 20여 년의 세월이 흘렀다. 머리에 새치가 보이기 시작한 마흔 무렵부터 나이 듦·노년·인생 2막과 관련한 1,000여 권의 서적을 탐독했고, 50대 중반에 들어선 2019년부터 본격적으로 기획하고 자료를 정리했다.

책은 독자들의 이해를 돕기 위해 걸출한 위인들의 주옥같은 명언과 관련 도서의 핵심 내용을 함께 담았다. 얼핏 들어봄 직하고 평범해 보이는 아이템도 다양한 사례와 함께 제시한 해법을 접하다 보면 허투루 들리지 않을 것이다. 준비한 노년과 준비하지 않은 노년, 노력하는 노년과 노력하지 않는 노년은 천양지차다. 누구는 암호화폐와 인공지능(AI)의 미래를 논할 때, 누구는 나이 듦을 원망하며 신세타령만 할 뿐이다. 이 책을 자양분 삼아 결코 짧지 않은 100세 시대 노년기가 하루하루 빛나는 삶이 된다면 저자로서 더 이상 바랄 게 없겠다.

아울러 이 책이 제시하고 있는 '어른다운 어른이 되는 길 찾기'가 날로 심각해지고 있는 세대 간 갈등을 치유하는 데도 좋은 처방전이 되길 바라는 마음 간절하다.

책을 쓰면서 부부는 인생의 동반자임을 새삼 절실하게 깨달았다. 하나의 아이템을 쓰고 나면 아내에게 원고를 보여줬고, 아내는 첫 독자이자 동년배 독자로서 뼈 때리는 조언과 격려를 아끼지 않았다. 덕분에 외로우며 쉽지 않은 글쓰기를 기쁜 마음으로 이어갈 수 있었다. 인생의 든든한 동반자이자 후원자인 아내에게 이 자리를 빌려 감사의 마음을 듬뿍 전한다.

용산에서

김도연

차례

1부

나이 드는 것도
준비가 필요하다

품위 있는 어른으로 가는 길

5부

지금 당장 실천해야 할 7가지

미리 준비하는 노년의 삶

품위 있는 어른으로 가는 길

나이 드는 것도
준비가 필요하다

나이 듦의 미학, 노년의 품격

　20, 30대에 나는 나이 듦에 대해, 노년에 대해 구체적으로 생각해 본 적이 없다. 30, 40년 뒤인 60, 70이 된 나를 예상하며 그림을 그린다는 게 당시엔 도무지 상상할 수 없는 먼 이야기였기 때문이다.

　그러다 처음 '나이'를 느낀 건, 40대 초반 전철 안에서 하나의 '사건'을 겪은 뒤였다. 손잡이를 잡고 목적지로 가고 있던 내게, 한 여학생이 일어서며 자리를 내줬다. 태어나서 처음으로 자리를 비켜 받는 순간, 항상 젊다고만 생각했던 난 충격을 받았다. 내가 벌써 자리를 양보받을 나이가 됐단 말인가? 난 손사래를 치며 "고마운데, 서서 갈 거야. 아저씨는 아직 젊어"라고 했다. "몇 학년이냐?"고 물었더니 "6학년이에요"라고 수줍게 대답한다.

　당시, 내 머리 앞부분은 새치가 제법 멋있게 난 상태였다. 미용사가 머리 앞부분만 염색한 것으로 착각할 만큼 새치는 검은 머리 틈에 아주 자연스럽게 존재를 드러냈다. 집에 돌아와 '아마 그 예의 바른 학생은 새치를 보고 내가 나이가 꽤 많은 어른이라고 오해했을 거야'라며 나 자신을 위로했지만 씁쓸함은 가시지 않았다.

나이 듦에 대해 눈을 뜨다

나이 듦에 대해 좀 더 눈을 뜨게 된 건 정진홍 서울대 종교학과 교수의 글을 접하면서였다. 2009년 출간된《노년에 인생의 길을 묻다》에 정 교수가 '노년, 노년을 말하다'란 제목으로 썼던 서문은 이렇게 시작한다.

"나이를 먹으면, 그것도 일흔이 넘으면, 나는 내가 신선(神仙)이 되는 줄 알았습니다. 온갖 욕심이 없어지고, 이런저런 가슴앓이도 사라지고, 남모르게 품곤 했던 미움도 다 가실 줄 알았습니다. 그쯤 나이가 들면 사람들 말에 흔들리던 것도 까만 옛일이 되고, 내 생각이나 결정만이 옳다고 여겨 고집부리던 일도 우스워지는 줄 알았습니다."

우선 일흔이 넘으면 신선이 되는 줄 알았다는 말에 호기심이 갔다. 인간계가 아닌 신선이란 표현도 재미있었고, "신선이 되는 줄 알았다"는 신선이 되지 못했다는 말인즉, 이후의 전개될 이야기 또한 무척 궁금했다.

"그런데 일흔이 되어 이른바 일흔의 세월을 살아가면서 나는 이제까지 일흔이 되면 이렇게 살아갈 것이라고 생각한 것들이 조금도 지금 내 일흔의 삶과 어울리지 않는다는 것을 알았습니다. 신선이 되어 신선같이 살아갈 줄 알았는데 그렇게 되기는커녕 예순 때보다, 쉰 때보다 더 철저하게 사람 구실을 하나도 놓지 않고 더 질기게 사람 노릇 하면서 살아가는 나 자신을 확인하곤 합니다."

일흔이면 신선이 될 줄 알았던 정 교수는 일흔을 넘겨서도 욕심이 조금도 가시지 않았고, 가슴앓이도 삭지 않았다. 고집은 신념이란 이름으로 더 질겨졌다며 "초조와 불안과 분노는 일상을 충동하는 깊은 정서가 되었고, 죽음은 생각만 해도 서늘한 두려움으로 채색된 채 점점 그 색깔이 짙어지기만 한다"고 고백한다. 정 교수의 말은 나이 듦에 대해 처연하지만 교훈 가득한 경구로 읽힌다.

나이가 드는 것도 아름답고 즐거운 일

나이 듦에 대한 다양한 시선을 망라하며 나이 듦의 가치와 고통 등에 대해 상세한 사례와 함께 소개한 책도 눈에 들어온다. 노인의학 전문의이자 캘리포니아 의대 교수인 루이스 애런슨이 지은 《나이 듦에 관하여》는 "현대인은 나이 듦에 대해서만 유독 부정적이다. 분명 신체의 노화는 서글프고 두려운 일이다. 하지만 모든 인생 단계에는 저마다의 장단점이 존재한다"며 노년의 장점을 말한다.

"노년기가 힘든 것은 무엇보다도 우리가 늙어 가는 것을 자연스러운 수순으로 받아들이지 않고 있는 힘껏 거부하기 때문이다. 그러느라 노년기의 장점을 볼 짬은 없다. 사실, 나이 들어서 좋은 점은 한둘이 아니다. 가정과 직장에서 받는 스트레스는 줄고 만족감, 삶의 지혜, 결정권은 늘어난다."

책은 미국에서 한 대규모 연구 결과도 전한다. "남녀 모두 일생을 통틀어 가장 불안하고 불행하다고 느끼면서 삶에 대한 만족도가 가장 낮은 시기는 바로 중년기라고 한다. 그러다 예순을 전환점으로 그래프는 다시 상승 곡선을 그리기 시작한다." 저자는 노년기에 삶의 만족도가 다시 높아지는 데 대해 "막상 노년기에 들어서면 부정적 인식은 줄고 긍정적 인식은 늘어나는 복합적 결과"로 해석한다.

예일대 심리학과 교수인 베카 레비 박사는 《나이가 든다는 착각》에서 나이에 대한 긍정적 인식이 노년의 삶에 놀라운 효과를 발휘한다고 말한다. 책에 따르면 '추하고 더럽다' 등 부정적 연령인식을 깨고, '지혜롭고 너그럽다' 등 긍정적 연령인식을 갖게 되면 노인의 삶과 생활은 혁명적으로 달라진다.

장년기의 미국인 660명을 23년간 관찰한 결과, 노년에 대해 긍정적 인식을 가진 집단은 부정적 인식을 가진 집단과 비교해 평균 7.5년을 더 생존했다. 노화에 대한 부정적 인식을 가진 사람들의 혈중 스트레스 호르몬인 코르티솔 수치가 더 높은 것으로 나타나기도 했다. 또 50세 이상의 실험군을 대상으로 20년에 걸친 연구를 한 결과, 긍정적 연령인식을 가진 사람은 부정적 연령인식을 가진 사람에 비해 달리기 등 기능적 신체 건강이 더 좋았다.

"청춘! 이는 듣기만 하여도 가슴이 설레는 말이다. 청춘! 너의 두 손을 가슴에 대고, 물방아 같은 심장의 고동을 들어 보라. 청춘의 피는 끓는다." 작가 민태원의 〈청춘예찬〉이다. 그는 젊은이들의 피 끓는 정열, 원대한 이상, 건강한 육체를 화려하게 찬미한다. 청년기는 무한한 잠재력과 기회의 시기이다. 불투명한 미래 때문에 스트레스를 많이 받는 때이기도 하다. 노년기는 열심히 살아온 과거와 그렇게 쌓은 오늘날의 결과물로 어느 때보다 안정감을 크게 느끼는 시기이다. 생물학적으로 보면 누구나 두려워할 수밖에 없는 죽음이 점점 가까이 다가오고 있는 때다. 나이 듦, 늙음이란 단어를 모두 선뜻 입에 올리기 싫어하는 '원초적 이유'이다.

"나이가 드니 마음 놓고 고무줄 바지를 입을 수 있는 것처럼 나 편한 대로 헐렁하게 살 수 있어서 좋고, 하고 싶지 않은 것을 안 할 수 있어 좋다. 다시 젊어지고 싶지 않다. 하고 싶지 않은 것을 안 할 수 있는 자유가 얼마나 좋은데 젊음과 바꾸겠는가. 다시 태어나고 싶지 않다. 살아오면서 볼꼴, 못 볼꼴 충분히 봤다. 한번 본 거 두 번 보고 싶지 않다. 한 겹 두 겹 책임을 벗고 가벼워지는 느낌을 음미하면서 살아가고 싶다."

소설가 박완서의 〈노년 예찬〉이다. 박완서 작가는 물 흐르듯 살며 노년의 아름다움을 온몸으로 보여줬다.

배우 신영균의 품격 있는 노년

'어떻게 살아야 행복하게 아름다운 마무리를 할 수 있을까?'

50이 넘어서부터 문득문득 노년의 품격에 대해 생각하게 된다. 그럴 때마다 떠오르는 인물이 있다. 폭발적인 흥행을 기록했던 영화 〈빨간 마후라〉, 〈연산군〉, 〈미워도 다시 한번〉의 주인공으로 머슴에서 왕까지, 사극에서 전쟁·액션물까지 다양한 배역과 장르를 소화하며 '한국 영화의 남성 아이콘'으로 우뚝 섰던 한국 영화계의 거목(巨木) 신영균이다. 아니 신영균 '어르신'이다.

> "이제는 욕심이 없다. 그저 마지막으로 가지고 갈 것은 40~50년 된 내 성경책 하나다. 가족들에겐 나중에 관 속에 이 성경책과 함께 묻어달라고 했다."

올해 96세인 그는 2019년 11월 중앙일보와의 인터뷰에서 전 재산을 사회에 환원하겠다고 선언했다. 2010년 당시 500억 원 상당의 가치를 가진 명보극장과 제주 신영영화박물관을 영화·예술계의 공유재산으로 기증했고, 모교인 서울대에 발전 기금으로 100억 원 상당의 토지를 기부한 바 있다. 기억을 다 못할 정도로 남모르게 기부를 한 사실이 뒤늦게 알려지기도 했다. 1960, 1970년대에 주로 활동

했지만, 당시 흔한 스캔들 한번 없었다. 생활인으로나 영화계 리더로서나 모두 모범적이었다. 배우로서 전성기였던 1966년 이미 한국배우협회 회장을 역임했고, 배우로서 은퇴 후 1979년 한국영화인협회 이사장을 맡았다. 1981년에는 한국예술문화단체연합회 회장으로서 영화계를 포함한 문화예술계 리더 역할도 성실히 다했다.

나는 지난 2013년 처음 어르신을 뵀다. 그의 삶을 조명하는 인터뷰를 하기 위해 만났다. 당시 80대 중반의 고령임에도 건강한 남성미가 넘쳤고, 목소리는 젊고 부드러웠다. 온화한 얼굴과 따뜻한 미소, 상대방의 말에 진지하게 귀를 기울이는 자세는 사람의 마음을 한없이 푸근하게 했다.

인터뷰를 마치고 쓴 기사에서 나는 이렇게 어르신을 소개했다.

"그는 '노블레스 오블리주'(높은 사회적 신분에 상응하는 도덕적 의무)와 '리세스 오블리주'(부자의 사회적 의무)를 몸소 실천한, 영원한 영화인이자 이 시대에 귀감이 되는 진정한 원로였다."

10년의 세월을 훌쩍 넘겼지만 이 말은 여전히 유효하다. 마지막에 가지고 갈 것은 성경책 하나라며 막대한 전 재산을 사회에 환원하겠다고 하니. 부와 명성과 권력까지, 누릴 것 누리고 가질 것 다 가져 봤지만 겸손하고 따뜻한 마음은 더 깊어진 듯하다.

"김 기자! 왜 이렇게 연락이 없어? 얼굴 한번 봐야지?"

인터뷰로 만난 지 3년이 지난 2016년 어느 날, 전화를 걸어와서 하신 말씀이다. 어르신의 따뜻한 목소리는 여전히 귓가에 쟁쟁하게 울린다.

내가 죽으면 어떤 사람으로 기억될까?

머리 앞부분에 난 새치로 지하철에서 초등학생으로부터 난생처음 자리를 양보받은 뒤 어느덧 강산이 두 번 변했다. 그 사이 머리는 반백으로 변했고, 주름은 짙어졌으며, 허벅지 근육도 빠졌다. 초등학생, 유치원생이었던 아들, 딸은 어엿한 직장인이 돼 매일 아침 출근 길을 재촉한다. 친구 중 열에 아홉은 퇴직했고, 열에 셋은 손주를 품에 안고 산다. 아내를 잃고 홀아비가 된 친구도 있다. 지난 20년 세월의 흔적이자 선물, 그리고 아픔이다.

은퇴하기 전까지는 '뭐가 되고 싶다'며 그것을 향해 달려간다. 어떤 직업을 갖고, 어떤 지위를 얻는 게 최대 관심사다. 그렇게 수십 년을 앞만 보고 쉬지 않고 발걸음을 옮긴다. 때론 좌절하고 때론 성취하며 청춘과 중년을 보낸다. 하지만 퇴직하고 나이가 들면 지위나 직업의 의미는 사그라든다. 세속적인 가치관으로부터 자유로워지게 된다. 노년에는 '내가 죽으면 어떤 사람으로 기억될까?'라고 의식하며 사는 게 잘사는 삶이 아닐까? 그러면 좋을 일을 해보자는 생각이 들 것이고, 적어도 부끄럽거나 나쁜 일은 하지 않기 마련이다.

'유머가 넘쳤던 사람', '자유로운 영혼 가졌던 사람', '매 순간을 긍정하며 행복하게 살던 사람', '언제나 내 이야기를 잘 들어주던 사람', '예술을 좋아해 삶이 풍성했던 사람', '항상 책을 끼고 살던 사람'….

세상을 떠난 뒤 어떤 사람으로 기억될 것인지는 자기 하기 나름이다. 죽은 후에 한 점 부끄러움을 남기자 말자, 죽은 후에 나를 생각하면 입가에 미소가 돌도록 하자. 그게 자녀에게 물려줄 수 있는 가장 소중한 유산이다. 인생의 겨울을 향해 가고 있다. 나이 들어간다는 건 죽음을 의식하며 더욱 성숙해지는 것이다. 나이 듦의 미학, 노년의 품격이다.

뭐라고 불리길 바라는가?

'홍길동 님' vs '홍길동 씨'

"홍길동 님, 진료실로 들어오세요."

병원에 가면 대기하는 환자 이름에 '님'이라는 호칭을 붙여 부르는 모습을 익숙하게 본다. 은행에서도 번호표를 들고 기다리는 고객의 차례가 되면 "00번 고객님, 창구 앞으로 오세요"라고 이름 뒤에 '님'을 붙여 부른다.

'님'은 요즘 병원이나 은행 등 다중 이용 시설에서 일반화된 호칭이다. 과거엔 그렇지 않았다. 은행이나 경찰서, 세무서, 동 주민센터 등에서 민원인을 부를 때 나이와 관계없이 이름 뒤에 '씨'를 붙여 '홍길동 씨'라고 불렀다. 병원에서 환자를 부를 때도 그랬다. 은행이나 병원 같은 다중 이용 시설과 세무서, 동 주민센터 같은 공공시설에서 '씨' 대신 '님'이라는 호칭이 일반화된 데는 '씨'라는 호칭이 비교적 지위가 낮은 사람에게 붙이는 호칭이라는 생각이 널리 퍼지면서부터다.

나는 이렇게 불리는 것이 불편합니다

직장에서는 물론 동호회, 각종 모임에서 상대를 부를 때 각별히 신경 써야지, 그렇지 않으면 화를 당하기 십상이다. 호칭은 "인정의 문제이고 인정의 출발점"인 데다 한국 사회엔 강력한 서열 문화가 존재하기 때문이다. 국어학자, 언론학자, 신문기자, 아나운서 등이 참여해 '한국 사회의 호칭 문제'를 다룬 《나는 이렇게 불리는 것이 불편합니다》는 호칭의 성격을 이렇게 설명한다.

"사람들은 자신이 기대하는 호칭으로 불리길 원하고, 그런 기대와 현실이 어긋날 때 자신이 남에게 인정받지 못하고 있다고 여긴다. 그것은 곧 자신의 정체성에 대한 부정 또는 도전으로 느껴진다. 그런데 한국 사회에서 호칭은 단순히 정체성 인정의 문제에 그치지 않고 서열 인정의 성격을 강하게 띤다.

호칭에는 그 사람이 사회에서 차지하고 있는 신분이나 지위를 뜻하는 '지체'가 압축되어 있으므로, 호칭이야말로 서열 인정의 리트머스 시험지 노릇을 한다. 강력한 서열 문화 속에서 마땅한 호칭으로 대우받지 못할 때 사람들은 자신의 서열을 인정받지 못한다는 불만과 모욕감을 느낀다."

'노인'이라 부르지 말라. 우리는 '선배'다

2025년 65세 이상 노인 인구가 1,000만 명을 넘어설 전망이다. 노인이 늘어남에 따라 고령인구 구성비는 2022년 17.4%에서 빠르게 증가해 2025년 20%, 2036년 30%, 2050년 40%를 넘어서게 된다. 2025년에는 한국 사람 10명 중 2명, 2036년에는 10명 중 3명, 2050년에는 10명 중 4명이 노인이라는 얘기다.

통계청의 '장래인구추계(2022~2072년)'에 따르면 2023년 944만 명이었던 65세 이상 고령인구는 2025년에 1,000만 명을 넘고, 2050년 1,891만 명까지 증가한 후 감소해 2072년 1,727만 명을 기록하게 된다.

이처럼 노인 인구가 급속하게 늘며 초고령사회(65세 이상 인구가 전체 인구의 20% 이상인 사회)를 목전에 두면서 노인을 어떻게 불러야 할

지도 지나칠 수 없는 이슈로 떠오르고 있다. 늙은 사람을 일컫는 노인이란 호칭을 마뜩잖아하는 '노인'의 심정을 반영하듯 노인은 다양한 호칭으로 불리고 있다. '노인', '아버님', '어머님', '선생님', '실버', '어르신', '늙은이', '액티브 시니어', '신중년'에 이젠 '선배 시민'이란 새로운 호칭까지 등장했다. 노인 1,000만 명 시대를 앞두고 나타나는 새로운 풍속도다. 대체 뭐라고 불리길 바라는가?

"'노인'이라 부르지 말라. 우리는 '선배'다."

2023년 11월 경기도는 65세 이상 도민을 선배 시민으로 명시한 조례를 공포했다. 노인 대체 명칭이 지방자치 조례에 명시된 첫 사례다. '풍부한 경험을 쌓은 선배로서 사회 활동하시라'는 응원의 뜻을 담았다. 나이가 아니라 경험을 강조한 것이다. 65세 미만은 '후배 시민'으로 정의했다. 노인의 인구 비중이 커지면서 사회적 역할도 강조되고 있는 가운데, 어르신으로 통용되는 노인 세대의 호칭을 선배 시민으로 전환하는 조례는 큰 관심을 끌었다.

선배 시민은 유범상 한국방송통신대학교 교수가 새롭게 제시한 노인상이다. 유 교수가 말하는 선배 시민은 시민권(citizenship)이 당연한 권리임을 자각하고, 이것을 함께 나누고 자신은 물론 후배 시민을 위해 목소리를 내는 노인이다.

앞서 서울시는 2012년 '노인 대체 명칭 공모전'을 통해 노인을 대신할 용어로 어르신을 택했다. 지혜롭고 존경받는 현명한 존재다. 하지만 어르신으로 살려면 상당한 내공이 필요하다. 젊은 세대 앞에서 체면을 지켜야 하고, 감정과 욕구도 자제해야 하기 때문이다.

자기 자신을 가꾸며 활기차고 젊게 산다는 의미로 액티브 시니어(active senior: 활동적 장년), 신중년도 쓴다. 액티브 시니어는 퇴직 이후에도 하고 싶은 일을 찾아 도전하며 인생 이모작을 위해 다양한 분야에서 적극적인 활동을 한다. 신중년은 경제와 사회에 이바지할 수 있는 5060세대이다.

영미권에선 '욜드(yold)'라는 단어도 등장했다. 욜드는 젊다는 뜻의 영어단어 'young'과 노인이라는 의미의 'old'를 결합한 말로 은퇴 후 새 삶을 찾아 나서는 65~75세 사이의 젊은 노년층을 뜻한다. 패션 업계가 시장 확장을 위한 새 타깃으로 내세울 만큼 멋에 민감하고 역동적인 세대다. 글자 그대로 '은(銀)'이나 '은색'을 의미하는 '실버(silver)'는 노인이나 어르신·노년을 지칭하는 말로 광범위하게 사용된다. 실버가 노인이나 노년을 아우르는 말로 사용되는 것은 머리가 하얗게 세어 은색으로 변하기 때문이라는 게 일반적인 해석이다.

반면 '늙은이'는 다소 부정적인 시선이 담긴 호칭이다. 돌봄의 대상으로 '사회적 짐'으로 인식되며 '잉여 인간' 취급을 받기도 한다.

돈도 주도권도 없어 집안에서 실권이 없는 노인을 '뒷방 늙은이'라고 부르기도 한다.

'할매미', '틀딱충', '연금충'처럼 젊은 층 사이에서 노인을 혐오하는 표현도 만연해지는 추세다. 할매미는 공공장소에서 시끄럽게 말하는 노인을 이르고, 틀딱충은 틀니에서 딱딱 나는 소리에 벌레를 더한 말이다. 연금충은 나라에서 주는 연금으로 생활하는 노인을 뜻한다.

우선 '어른'으로서 품위를 갖추려고 노력하자

노인을 표현하고 부르는 말이 많은 것은 그만큼 우리 사회에서 노년층이 차지하는 비중이 크다는 방증이다. 노인 호칭 갈등 또한 문화뿐만 아니라 정치, 경제 등 다양한 측면에서 풀어야 할 만만치 않은 숙제다. '노인'은 있는데 '어른'은 없다는 말도 나온다. 나이 든 사람은 많지만 존경할 만한 사람은 없다는 뜻으로 읽힌다.

노인을 둘러싼 호칭문제에 앞서 우선 '어른'으로서 품위를 갖추려고 노력하자. 지하철 등 공공장소에서 목소리를 낮추고, 젊은이들에게 좀 더 너그럽게 대해 보자. 돈이 많든 적든 인생 선배로서 사회 공헌에 힘쓴다면 더 말할 나위 없다.

"사려 깊은 그대여! 남의 말을 할 땐, 자신의 말처럼 조심하여 해야 하리라. 겸손은 사람을 머물게 하고, 칭찬은 사람을 가깝게 하고, 너그러움은 사람을 따르게 하고, 깊은 정은 사람을 감동케 하나니, 마음이 아름다운 그대여! 그대의 그 향기에 세상이 아름다워지리라."

다산 정약용 선생이 노년유정(老年有情)에 관해 마음으로 쓴 글이다. 호칭이 "인정의 문제이고 인정의 출발점"이라면 다산의 글을 밑알 삼아 인정받는 호칭으로 불리는 '어른'이 되어 보자.

호기심이 있으면 영원히 청춘이다

"호기심이 사라지는 순간 노년이 시작된다."

프랑스 실존주의 철학자 시몬느 드 보봐르는 젊음과 늙음을 구분하는 척도를 나이가 많고 적음이 아닌 호기심이 있고 없음에 둔다. 보봐르가 보기에 젊지만 호기심 없는 사람은 노인인 반면, 나이는 들었지만 호기심이 많은 사람은 청년이다.

'할리우드 거장' 스티븐 스필버그 감독은 "가장 위대한 업적은 '왜'라는 아이 같은 호기심에서 탄생한다. 마음속 어린아이를 포기하지 말라"고 힘주어 말한다.

국어사전을 찾아보면 호기심은 '새롭고 신기한 것을 좋아하거나 모르는 것을 알고 싶어 하는 마음' 혹은 '새롭거나 신기한 것에 끌리는 마음'이다. '참외는 왜 노란색이고, 딸기는 왜 빨간색일까?', '이 상자 안에는 무엇이 들어 있을까?', '남자와 여자는 왜 목소리가 다른가?'와 같은 의문은 모두 호기심에서 비롯된다.

호기심이란 단어와 잘 어울리는 대상은 누구인가. 아이들이다. 아이들 눈에는 항상 새로운 것만 보인다. 호기심이 있어서다. 일어나서 잘 때까지 호기심 가득한 눈으로 이것을 만져보고, 저것을 두들겨 본다. 이것을 열어보고 저것을 던져본다. 아이들의 눈에 세상은 '호기심 천국'이다. 이에 비해 어른들의 눈에는 새로운 게 별로 없다. 호기심이 사그라들었기 때문이다. 나이가 점점 더 들수록 새로운 것을 알고 싶거나, 새로운 놀이를 하고 싶거나, 새로운 경험을 하고 싶어 하지 않는다.

100세 시대 꼭 필요한 덕목 중 하나가 호기심

퇴직 후에도 40, 50년을 더 활동해야 하는 100세 시대다. 이런 세상을 좀 더 충만하게 살기 위해 절실히 필요한 덕목 중 하나가 바로 호기심 아닐까? 호기심이 있어야 끊임없이 새로움을 추구하게 된다. 호기심은 지치고 가라앉은 마음에 불을 지펴 새로운 의욕이 솟구치게 만든다. 달에 대한 호기심은 인류 최초의 달 착륙을 실현하고, 또 다른 천체인 화성 탐사로 이어지며 과학기술을 발전시키고 있다. 호기심이 삶의 원동력이자 인류 발전의 추동력인 셈이다. 위대한 업적을 남긴 인물들은 세상과 이별할 때까지도 지적 호기심을 잃지 않았다.

96세에 세상을 뜬 '현대 경영학의 아버지' 피터 드러커는 그칠 줄 모르는 지적 호기심으로 눈을 감을 때까지 펜을 놓지 않았다. 그가 남긴 45권이나 되는 저서 가운데 65세 이후 집필한 게 전체의 3분의 2나 된다. 평생 5만여 점의 그림을 남긴 '입체파의 거장' 파블로 피카소도 숨지기 12시간 전까지 그림을 그렸다고 전해진다.

"나를 키운 8할은 물음표였다."

어려서부터 유난히 호기심이 많고 끊임없이 질문을 던지며, 죽음의 문턱에서도 지적 활동을 멈추지 않은 이어령 선생이 남긴 말이다. 평생 마르지 않는 지적 호기심이 그를 한국을 대표하는 '우리 시대의 지성'으로 이끌었다고 해도 지나친 말은 아니다.

호기심은 '노년의 품격'에도 큰 영향을 미친다. 어떤 이는 끝없이 솟아오르는 호기심과 열정으로 만날 때마다 다양한 화젯거리를 던진다. 메타버스와 암호화폐(NFT)에 대한 책을 읽고 4차 산업혁명 시대의 미래를 언급한다. 그래서인가. 허리는 꼿꼿하고, 얼굴은 80대 노인이라고는 볼 수 없을 만큼 젊고 활기찬 모습이다.

반면 어떤 이는 '오늘 하루도 어떻게 시간을 보낼까' 하는 생각만 가득하다. 호기심은 고사하고, 축 늘어진 어깨에 생기 없는 얼굴은 제 나이에서 10년은 더 들어 보인다. 대화의 내용도 '여기가 아프고 저기가 아프다'는 건강 얘기가 대부분이다. 세월을 탓한 채 무미건조한 삶을 살고 있다.

내 삶과 각별한 인연을 가진 '호기심'

호기심은 내 인생과도 인연이 깊다. 30여 년 전 언론사 2차 작문 시험 현장. 초조한 마음으로 기다리고 있던 시험장에 나타난 감독관은 말없이 칠판에 한 글자 한 글자씩 써 내려갔다. 완성된 작문 제목은 '호기심에 대하여'였다.

'호기심'이라니!

순간 내 입가엔 미소가 돌았다. 평소 호기심이 적지 않았던 터라 왠지 모를 자신감이 솟았기 때문이다. 잠시 호흡을 가다듬고 펜을 굴리기 시작했다. 평소 신문·방송으로만 접했던 기자란 직업이 무엇이며, 기사는 어떻게 만들어지는지, 취재원을 어떻게 대해야 하는지, 인터뷰 기사는 어떻게 작성하는지 등 기자의 세계에 대한 호기심이 지금, 이 순간 나를 여기 앉아 있게 한 것이라고….

다행히 좋은 평가를 받고 3차 면접까지 갈 수 있었다. 호기심이 주제인 작문 시험을 통과했고, 이젠 책의 글감으로 호기심에 대해 쓰고 있으니, 호기심은 내 삶과도 각별한 인연이 있는 셈이다.

나이가 들어도 질문을 멈추지 말자

호기심이 있다면 노후에 무료함을 어떻게 달랠지 걱정하지 않아도 된다. 끊임없이 호기심을 갖고 새로운 것을 알려고 노력하는 사람에게 무료감이 들어올 틈이 어디 있겠는가. 하지만 호기심은 절로 오지 않는다. 호기심을 의식적으로 찾아내고 키워보는 노력이 필요하다.

당장 호기심을 갖고 싶다면 좋아하는 분야의 책을 곁에 두고 읽어 보자. 책이 부담스럽다면 다양한 정보와 새로운 소식을 전해주는 신문 · 잡지를 꼼꼼히 챙겨 보면 어떨까. 나이는 들었지만 '마음속 어린아이'를 평생 간직하며, '호기심 많은 청년'으로 살아가는 데 충분히 좋은 방법이다.

"중요한 것은 질문하기를 멈추지 않는 것이다. 호기심에는 그만한 이유가 있다. 영원, 삶, 현실의 경이로운 구조 등 이런 신비들을 생각해 보면 경외감이 들 정도이다. 이런 신비를 조금이라도 이해하고 매일 노력하는 것만으로도 충분하다. 거룩한 호기심을 결코 잃지 말아야 한다."

아인슈타인의 말이다.

인정받기보다 먼저 인정해 주자

'엄지척'을 갈망하는 시대다.

다양한 SNS를 통해 올린 게시물에 '좋아요'를 하나라도 더 받기 위해 너도나도 애를 쓴다. 엄지를 밑으로 내린 '싫어요'가 아닌 엄지를 위로 올린 '좋아요'를 더 받기 위해 자극적인 제목과 사진, 그럴듯한 섬네일을 '미끼'로 던지는 건 다반사다.

왜 그럴까? 인간 본성의 가장 깊은 곳에 자리 잡고 있는 '인정 욕구' 때문은 아닐까. 미국의 뛰어난 철학자이자 교육학자인 존 듀이가 "인간 본성의 가장 깊은 충동은 중요한 사람이 되고 싶은 욕망이다"라고 말했듯이. 하지만 데일 카네기가 저서 《인간관계론》에서 언급한 대로 '자신이 중요한 사람이라는 느낌'은 가장 충족되기 힘든 욕망이다.

160여 년 전, 지독한 가난에 시달리다 못해 돈은 많지만, 비정하기 짝이 없는 고리대금업자 노파를 도끼로 살해한 청년이 있었다. 바로 도스토옙스키가 쓴 《죄와 벌》의 주인공, 라스콜니코프이다. 학비는커녕 식비도 제대로 벌지 못하는 가난한 법대 휴학생인 라스콜니코프가 번민을 거듭하다 끝내 살인까지 저지르고 만 것은 자신의 비범함을 인정받지 못한다는 생각에서 비롯됐다. 결국 자신의 존재 가치를 입증하려는 '인정 욕구'가 끔찍한 살인을 부른 것이다.

우리는 인정에 목마르다

인간의 욕구를 낮은 수준의 욕구부터 높은 수준의 욕구까지로 구분하는 에이브러햄 매슬로의 '욕구계층이론'에 따르면 인간의 기본적 욕구 중 가장 높은 단계는 타인에게 내·외적으로 존중받으며 어떠한 지위를 확보하기를 바라는 욕구인 인정 욕구다. 인간은 이 욕구를 충족시키며 자신의 존재 가치를 확인한다. 인정 욕구는 그만큼 사람이 살아가는 데 꼭 필요한 심리적 욕구다. 문제는 이 욕구를 제대로 채우지 못하면 개인적·사회적 문제가 생길 수밖에 없다는 데 있다.

"직장 동료들이 무시하는 것 같아 그랬다."

2023년 8월 소셜미디어를 통해 '칼부림 예고' 글을 올리다 경찰에 붙잡힌 사람이 내뱉은 말이다. 이처럼 인정받지 못하고 무시당해 주먹을 휘두르는 사례는 비일비재하다. 심지어 상대방을 해치기까지 하는 경우도 심심치 않게 볼 수 있다. 가정 폭력도 상대방을 무시할 때 벌어진다.

'사위지기자사 여위열기자용(士爲知己者死, 女爲悅己者容)'

사마천의 《사기》〈자객열전 예양 편〉에 나오는 구절로 '선비는 자기를 알아주는 사람을 위해 목숨을 바치고, 여자는 자기를 좋아하는 사람을 위해 얼굴을 가꾼다'는 뜻이다. 관심을 가지고 인정을 해주면 그 사람은 긍정적으로 행동하기 마련이다.

직장생활에서도 인정은 비중이 큰 요소다.

한없는 신뢰, 마르지 않는 칭찬, 최상위 고과 등을 통해 인정받을 때 존재감을 뚜렷이 확인한다. 이런 사람은 출근길에 '지옥철'을 타도 고통이 덜하다. 하지만 이렇게 인정받는 사람은 극소수에 불과하다. 대부분은 그렇지 못해 무력감에 빠지거나 우울증도 겪게 된다. 일부는 내가 조직 내에서 중요한 사람이라는 것을 인정받기 위해 자신을 소모시키기도 한다. 하지만 인정 중독에 빠져 인정 욕구에 휘

둘리면 본연의 자신을 잃어버리게 된다.

소셜미디어의 댓글 반응과 '좋아요'에 중독되는 경우가 단적인 사례다. 과유불급(過猶不及)이다. 잘하고자 하는 노력도, 인정받고 싶은 마음도 지나치면 독이 된다. 다른 사람의 인정 여부에 연연하지 말라는 의미를 담은 공자의 말은 인정 중독에 빠지지 않기 위한 경구로 삼을 만하다.

'인부지이불온 불역군자호(人不知而不 不亦君子乎, 남이 나를 알아주지 않아도 성내지 않으면 군자 아니겠는가)?'

먼저 상대방을 인정해 주자

노년은 자칫 인정에 더 목마른 시기가 될 수 있다. 가정과 회사를 위해 한평생 헌신한 나를 인정해 주기 바랐는데 퇴직 후 주위 시선은 그렇게 우호적이지 않게 느껴지기 때문이다. 더욱이 몸과 마음이 쇠약해지는 터라 주위엔 온통 나보다 잘난 사람만 존재하는 것처럼 보인다.

이런 세상에서 '중요한 사람이 되고 싶은 욕망', '자신이 중요한 사람이라는 느낌'이 충족되기란 쉬운 일이 아니다. 그렇다면 먼저 상대방을 인정해 주는 건 어떨까? 지하철 노약자석에 '젊은 사람'이 눈을 붙이고 앉아 있다면, '직장생활이 얼마나 힘들면 저렇게 고단하게 자고 있을까?'라고 생각해 보자. '왜 그 자리를 차지하고 있느냐'라고 호통치지 말고. 역지사지(易之思之)의 마음으로 상대방을 인정하고 헤아린다면 상대도 나의 연륜을 인정하고 대접해 줄 것이다. 오직 한번 밖에 누릴 수 없는 오늘의 삶을 소중하게 생각하며 인정받기보다 먼저 인정해 주는 너그러운 시니어가 되어 보자.

인생 2막, 글쓰기가 필요한 이유

**새로운 산업혁명이 시작될 때마다
많은 일자리가 사라졌다.**

증기기관을 기반으로 한 기계화 혁명으로 사람의 노동을 기계가 대신할 때 농민들이 일자리를 빼앗겼고, 컴퓨터와 인터넷을 기반으로 한 지식정보 혁명이 일어나자 사무직 노동자의 일자리가 위태로웠다.

인공지능(AI)과 사물인터넷(IoT), 로봇 기술 등이 주도하는 제4차 산업혁명도 마찬가지다. AI에 의한 자동화로 많은 일자리가 사라질 가능성이 크다. 아니 이미 시작됐다.

미국 주요 일간 신문들은 실직 공포 속에 AI 자동화 물결과 사투를 벌이고 있는 현장의 모습을 전했다. 2023년 6월 2일 미국 일간 워싱턴포스트(WP)는 챗 GPT와 같은 AI가 인간의 일자리를 대체하는 일이 마케팅과 소셜미디어 콘텐츠 부문 등 일부 직종에서 이미 발생하고 있다고 보도했다. 이어 7월 19일 뉴욕타임스(NYT)는 AI에 의한 자동화가 기존 일자리를 삼켜갈 때 미국 내 일자리만 300만 개에 달하는 고객 서비스 분야가 첫 번째 대상이 된다고 지적했다.

국제통화기금(IMF)은 2024년 1월 14일 발표한 〈인공지능과 일의 미래〉 보고서에서 AI가 전 세계적으로 사람의 일자리 약 40%에 영향을 미칠 것이며, AI의 발전으로 불평등은 더 심화할 것이라는 전망을 내놨다.

AI시대에도 살아남을 수 있는 글쓰기 능력

글쓰기 능력은 이런 제4차 산업혁명에서도 살아남을 수 있는 무기로 꼽힌다. 제4차 산업혁명에는 창의력이 중요하다. AI 또한 글쓰기는 가능하다. 하지만 수많은 데이터를 입력하고 학습하면서 패턴을 익힌 AI는 학습한 것만 잘할 수 있다. 인간의 섬세한 감정과 의견이 반영돼야 나올 수 있는 창의적인 글쓰기는 안된다.

《너의 목소리가 들려》, 《살인자의 기억법》 등을 쓴 김영하 작가는 한 방송에 출연, 일본에 '로봇 소설가'가 등장했는데 소설가로서 미래에 대한 걱정이 많냐는 질문에 이렇게 답한다.

"로봇이 사람이 쓰는 소설을 대체하기 어렵다. 그 이유는 저처럼 쓰는 AI 소설가가 있다고 하더라도 그게 AI라는 것을 아는 순간 사람들의 마음은 차갑게 식는다. '너는 안 죽잖아. 네가 어떻게 알아? 부모님이 돌아가신 어떤 상실감을 기계가 알 리가 없잖아. 흉내 잘 내네.' 우리가 인간의 예술을 좋아하는 것은 인간이 기계보다 잘해서가 아니라 한계가 있기 때문이다. 나와 같이 늙어가고 나와 같이 가까운 사람의 상실을 겪는 이런 사람은 내 마음을 알 거야… 그래서 우리가 책을 읽을 때 그냥 '잘 쓰네'하며 평가하면서 읽는 게 아니다. 어느 순간 몰입해서 '작가가 내 마음에 들어왔다 나간 것 같다. 이 마음을 작가가 어떻게 알지?'라고 하는 건데, 그걸 기계가 하면 '어디서 베낀 거야?', '어디서 아는 척이야?'라는 생각을 갖게 된다. 진짜 로봇이 안다고 생각하지 않는다."

AI의 결정적 한계는 사람의 감정을 공감할 수 없다는 것이다.

전문가들은 첨단 AI조차도 인간의 글쓰기 수준에는 미치지 못하고 상황과 맞지 않는 내용이 제멋대로 들어가거나 구체적으로 쓰는 것을 잘 못한다고 지적한다. AI와 차별화된 인간의 능력 중 하나가 글쓰기가 되는 것이다.

공무원이든 회사원이든 조직에서 일하다 보면 피할 수 없는 게 있다. 기획서, 보고서, 회의 자료 등을 수시로 작성해야 한다. 모두 문서다. 바로 글이다. 그럴 때마다 당황하지 않고 그때그때 주제와 상황에 맞게 나만의 언어로 나를 표현해야 한다. 평소 글쓰기 능력을 쌓지 않고선 문서에 '나'를 제대로 담을 수 없다. 4차 산업혁명 시대에 글쓰기는 생존과 직결된다.

인생 2막에 더욱 필요한 글쓰기

그렇다면 글쓰기는 학업이 목적인 학생이나 생존이 절실한 직장인에게만 필요한 것일까? 천만의 말씀이다. 인생 2막을 여는 중장년 세대에게 더욱 필요한 덕목이다.

최옥정 작가는 저서 《2라운드 인생을 위한 글쓰기 수업》에서 글에 대해 이렇게 말한다.

"젊어서부터 잘 살아야 잘 늙게 된다. 늙어서 갑자기 좋은 사람이 될 수 없다. 우리 삶의 하루하루가 모여서 인생이 되고 인격이 된다. 그 잔잔한 흐름을 따라가면서 기록하는 것이 글이다. 나의 육체는 그냥 살아가지만, 나의 영혼은 글을 통해 내 육체가 지나간 길을 적어서 남긴다. 인생을 한 번 더 사는 셈이다. 육체가 모르고 지나쳤던 것을 영혼은 낚아 올린다."

그에게 글을 쓰는 목표는 지나간 인생을 찬찬히 돌아보는 기회를 얻는 것이다. 그동안 자기가 어떻게 살아왔는지, 지금 잘살고 있는지, 앞으로 무슨 일을 해야 할지 글을 통해 기록하고 자신을 마주하는 것이다. 자기를 만나고 자기를 발견하는 것이 글쓰기이다.

인생 제2막을 여는 은퇴 세대라면 귀담아들을 만한 이야기이다. 글쓰기는 자기를 되돌아보며 불안한 마음을 가라앉혀 주고 상처받은 마음을 치유하는 탁월한 처방전이기 때문이다.

《대통령의 글쓰기》를 펴낸 강원국 작가는 저서 《나는 말 하듯이 쓴다》의 '100세 시대를 사는 법'에서 후반부 인생은 글을 쓰는 삶으로 살겠다고 강조한다.

"100세 시대라고 한다. 인생의 전반부 50년은 남의 말을 들으며 살았다. 말 잘 듣는 어린아이와 학생, 시키는 것 잘하는 직장인이었다. 인생 후반부 50년은 내 말을 하고 내 글을 쓰면서 살고 싶다. 또 그래야 한다고 생각한다. 남의 것을 받기만 하며 지금껏 살았으니, 이제는 내 것을 주면서 살아가야 한다. 나에게 주는 삶이란 바로 글을 쓰는 삶이다."

글쓰기에서 행복을 찾는 작가도 있다. 영화 〈쇼생크 탈출〉, 〈미저리〉의 원작자인 스티븐 킹은 저서 《유혹하는 글쓰기》에서 이렇게 말한다.

"글쓰기의 목적은 돈을 벌거나 유명해지거나 친구를 사귀는 것이 아니다. 궁극적으로 글쓰기란 작품을 읽는 이들의 삶을 풍요롭게 하고 아울러 작가 자신의 삶을 풍요롭게 해준다. 글쓰기의 목적은 살아남고 이겨내고 일어서는 것이다. 행복해지는 것이다."

글은 진심을 담는 그릇

나에게 글은 진심을 담는 그릇이다. 진심은 글의 핵심 요소다. 진심이 담겨야 읽는 사람의 마음을 움직일 수 있다. 글이 누군가에게 한 줄기 빛이 될 수 있으려면 진심을 담아 진실을 말해야 하는 것이다. 실제 나는 이 책을 쓰면서 진심의 중요성을 뼈저리게 느꼈다. 애초 여러 주제 중 하나로 '용서'를 쓰려고 했다. 살면서 용서라는 단어가 주는 거룩한 메시지에 매료됐던 터라 용서를 써보고 싶었다.

하지만 막상 쓰려고 하니 도무지 글이 나가지 않았다.

용서에 대해 이렇게 말하고 싶었다.

> "용서는 남을 위해 하는 것 같지만 실은 자기를 위해 하는 것이다. 매일 아침 눈을 떠서 누군가를 미워하고 저주하면, 피해를 보게 되는 건 자기 자신일 뿐이다. 상대방은 내가 미워해 봐야 아무런 해도 입지 않는다. 미워하는 마음을 갖게 되면 부정적인 화학 물질이 뿜어져 나온다. 내면의 평화를 깨고 내 몸만 상한다."

'남을 용서해야 내 마음도 편해지니 미움의 굴레에서 벗어나 훌훌 털며 일어서자'라고 말하고 싶었던 게다. 그런데 정작 나 자신부터 누굴 용서하기 힘들었다. 머리는 용서를 허락했지만, 가슴은 용서를 거부했다. 가슴 속에서 진심이 우러나오지 않았다. 이런 마당에 독자에게 '용서하며 살자'라고 할 수 없었다. "실수는 인간의 영역이고, 용서는 신의 영역이다"라는 말이 있다. 글을 쓰며 '용서는 정말 신의 영역인가?'라는 생각이 떠오르곤 했다. 결국 용서를 주제로 한 글쓰기를 접었다. 진심이 담긴 용서가 아니니 독자가 공감할 수 있는 글을 쓸 수 없을 터이기 때문이다.

나를 치유하는 글쓰기

　글쓰기에는 자기의 마음을 보듬어 주는 힘이 숨어 있다. 울고 싶을 때, 욕하고 싶을 때, 기쁠 때, 행복할 때의 감정을 글로 표현해 보라. 인생 전반전에서 겪은 원망, 회한을 하나씩 하나씩 글로 풀어 헤쳐 보자. 남들의 시선, 평가 따위는 신경 쓰지 말자. 그러면 글의 생명력만 잃을 뿐이다. 누군가에게 보여 주는 글이 아닌 나 자신을 위해 쓰기로 한 만큼 일기를 쓰듯 맘껏 쓰면 된다. 인생 후반전을 힘차게 나아가려면 인생 전반전에서 응어리진 마음을 오롯이 풀어야 한다. 글쓰기는 마음에 쌓인 그런 독소를 제거하는 데 효과적이다. 글쓰기는 자기를 해명하고, 자기를 발견하며, 자기를 치유하는 작업이기 때문이다.

　글을 쓰겠다고 마음먹었으면 머릿속 생각을 곧바로 글로 옮겨 보자. 프란츠 카프카는 "아무리 뛰어난 의견이라 할지라도 머릿속에 떠오르는 것만으로는 아무 소용이 없다"고 했다. 생각은 휘발유 같다. 금방 날아가 버린다. 글로 적어 실체를 정확히 파악해야 한다. 종이나 모니터에 옮겨 놓은 글은 눈으로 확인할 수 있다. 과장되기 마련인 머릿속 생각을 바로잡을 수 있다.

　"읽을 가치가 있는 글을 쓰거나, 아니면 쓸 가치가 있는 삶을 살아라."

벤저민 프랭클린의 말이다. 가치 있는 글을 쓰려면 잘 살아야 한다. 글을 잘 쓰려고 해도 잘 살아야 한다. 인생 전반전은 지나갔다. 매일 아침 따사로운 햇살을 맞이하며 펜을 들고, 자판을 두들겨 보자. '행복해지는 것'인 글쓰기의 세계로 다가가자. 자기 성찰의 글쓰기, 자기 치유의 글쓰기로 새로운 인생 2막을 힘차게 열어 보자.

노년의 품격, 말에 달려 있다

말의 홍수 시대다.

각종 SNS를 통해 수많은 말이 오간다. 세종대왕이 한글을 창제한 이래 가장 많이 말이 오가는 시대라는 평이 나올 정도다. 온갖 축약어가 난무하고 언어 파괴는 도를 넘을 지경이다. 일부 한글세대는 한자에서 유래된 말을 몰라 엉뚱한 반응을 보이기도 한다. 서울의 한 카페가 '심심한 사과 말씀을 드린다'고 쓴 안내문을 두고 네티즌들이 "심심한 사과? 난 하나도 안 심심해"라는 반응을 보인 게 단적인 예다. 심심(甚深)한 사과는 일반적인 사과의 뜻보다 마음 깊은 사과의 뜻을 표할 때 사용하는 낱말이다. 그런데 지루하고 재미없는 사과로 해석해 카페 측을 비난했다.

말도 폭력이 될 수 있다

문제는 말의 내용이다. 말 때문에 인간관계가 뒤틀리고, 가정이 파탄 나고, 직장생활이 힘들어진 경우가 얼마나 많은가. 주먹과 발로 사람을 때리는 물리적 행위만 폭력이 아니다. 남에 대한 험담, 비속어 사용, 인격 모독도 모두 심각한 폭력이다. 언어폭력이다.

"머리는 장식으로 달고 다니냐", "너 같은 ×× 처음 본다"…. 직장 내 언어폭력은 도를 넘은 수준이다. 직장 내 괴롭힘 사례 가운데 폭언이나 모욕, 명예훼손 등 상사의 언어폭력이 차지하는 비중이 35%로 가장 높다는 조사 결과는 이를 웅변한다. 2022년 6월 5일 직장갑질119 발표에 따르면 그해 1~5월 접수된 신원이 확인된 이메일 제보 944건 중 직장 내 괴롭힘은 513건으로 54.3%에 달했으며, 이 가운데 모욕·명예훼손이 179건으로 34.9%를 차지했다.

학교폭력의 42%가 언어폭력이라는 통계도 있다. 경기도교육청이 2022년 9월 6일 발표한 '2022년 1차 학교폭력 실태조사(전수조사)' 결과에 따르면 언어폭력이 42.4%로 가장 높다.

사람이 모인 자리에서 쉴 새 없이 자기 말만 하는 사람도 주위를 힘들게 한다. 그런 사람은 말을 많이 해야 그 자리의 주도권을 잡을 수 있다고 생각한다. 착각이다. 수다를 떨면 떨수록 사람들은 그만큼 그 사람이 한 말을 기억하지 못하기 마련이다.

말에 긍적적인 메시지를 담자

말을 아예 하지 않고 살 수는 없다. 말은 동물 중 인간만이 가진 유일한 도구이기도 하다. 사람들이 말로 고통받는 것은 잘못된 말, 속이는 말, 폭력적인 말 때문이지 필요한 '말' 그 자체 때문이 아니다. 말은 소통을 위해서 꼭 필요하다. 말하지 않고 살 수 없는 세상이라면 말에 긍정적인 메시지를 담아보자.

"매일 사소한 습관의 반복이 만성적인 병을 만든다. 그와 마찬가지로 마음의 습관적인 반복이 영혼을 병들게도, 또 건강하게도 만든다. 하루에 열 번 주위 사람들에게 냉담한 말을 퍼부었다면 오늘부터는 하루에 열 번 주위 사람들에게 기쁨을 안겨주는 말을 건네 보라. 그러면 자신의 영혼이 치유될 뿐 아니라, 주위 사람들의 마음도, 상황도 한결 나아질 것이다."

철학자 니체의 말이다.

"세월을 더듬어 보면 말이 가장 중요한 것 같더라. 다른 사람에게 말할 때 각별히 조심하거라."

아버지는 내가 대학을 졸업할 무렵 말의 중요성을 여러 차례 강조하셨다. 사람과의 관계에서 다른 어떤 것보다 말이 중요함을 힘주어 말씀하신 건, 내가 행여 '말' 때문에 화를 입지 않길 바라는 마음 간절했기 때문일 터다. 40년 가까이 사회생활을 해보니 나 역시 말의 중요성, 말의 무게를 절감한다. 돌이켜 보면 아버지의 충고를 제대로 따르지 못한 것 같다. 상대방의 말에 때론 감정을 자제하지 못했고, 때론 거친 언사로 맞대응한 적도 있었다. 주로 40대까지의 일이지만, 좀 더 나이 들고 보니 그때 그런 대응이 후회된다.

다행인 건 나보다 나은 아들이 있는 거다. 20대 후반인 녀석은 말에 관한 한 나보다 훨씬 좋은 태도를 갖고 있다. '바르고 고운 말'만 쓴다. 욕은 물론이고 또래들이 흔히 쓰는 속된 표현조차 쓰지 않는다. 단 한 번도 들어본 적이 없다. 아들의 중고등학교 친구들도 "학교를 통틀어 욕을 하지 않는 거의 유일한 친구"라며 아들의 고운 말 습성을 인정한다. 이런 아들이 대견스럽다. 부드러운 음성에 온화한 표정은 덤이다. 30년 가까이 바르고 고운 말만 써왔으니 평생 그렇게 살 것이다. 마음이 놓인다. 뿌듯하다. 아버지의 충고를 아들이 대신 잘해주고 있으니 산소에 가서, 선친을 뵐 면목도 생긴다.

말을 전달하는 방식도 중요하다

말의 내용만 중요한 게 아니다. 말이 어떻게 전달되는지도 중요하다. 목소리는 자기의 의사를 남에게 전달하는 도구이자 인상의 중요한 단서가 되기도 한다. 목소리의 높낮이, 강도, 속도는 말하는 사람의 감정 상태나 의도를 드러낸다.

행복하거나 기쁠 때의 목소리는 활기차고 밝다. 슬프거나 화가 났을 때의 목소리는 차갑고 무겁다. 목소리는 개인의 정체성을 나타내기도 한다. 분명하고 단호한 목소리는 리더십이 있는 사람으로 느껴진다. 부드럽고 따뜻한 목소리는 친절하고 섬세한 사람으로 비친다.

말할 때 목소리에도 신경 써 보자. 목소리는 타고난 것이라서 고칠 수 없다고 생각할 수도 있다. 선천적인 음색은 어쩔 수 없다고 해도 노력하면 말의 완급은 조절할 수 있다. 《오십의 말 품격 수업》의 저자인 조관희 작가는 대화할 때 천천히 말하라고 권한다.

"천천히 말하면 목소리가 낮고 정중해질 뿐 아니라 품격있게 보인다. 품격이 없는 사람이 말을 빨리하지, 품격 있는 사람 말을 천천히 한다. 드라마를 보더라도 회장님은 말을 천천히 한다. 사기꾼은 상대방을 설득하려는 조급증이 있기 때문에 말을 빨리하게 된다. 말을 천천히 하면 설득력이 높아진다. 천천히 말하면 감정도 조절된다. 천천히 말하는 그 박자에 맞춰서 감정의 파고도 천천히 흐른다. 말실수도 줄일 수 있다. 한 템포 늦게 말하면 생각하면서 말하게 되니깐 당연히 말실수를 줄일 수 있다."

김동건 아나운서는 KBS 〈가요무대〉의 산증인이자 얼굴이다. 1985년 11월 첫 방송 때부터 프로그램을 진행했고, 2003년 프로그램에서 하차했다가 2010년 7년 만에 복귀해 공백기를 빼고도 지금까지 32년째 마이크를 잡고 있다. "방청객, 시청자, 멀리 계신 해외동포, 근로자 여러분~"으로 시작하는 그의 오프닝 멘트는 가요무대의 트레이드 마크가 되기도 했다.

나는 김 아나운서와 지난 2013년 8월 초 이국땅에서 마주했다. 근로자 독일파견 50주년 기념 가요무대 특집 방송을 취재하기 위해 독일 현지에 갔다가 프로그램의 사회자인 그를 인터뷰를 했다. 텔레비전으로 접하다가 얼굴을 직접 보니 생각보다 젊어 보였다. 얼굴로 봐선 1963년에 데뷔한 74세의 '원로 아나운서'라는 느낌이 전혀 없었다. 목소리는 훨씬 젊었다.

"선생님, 시청자들과 이처럼 오래 함께할 수 있는 비결이 따로 있나요?"

돌아온 대답은 이랬다.

"세월이 흐르면서 노안이 오고 얼굴에 주름이 생기기 마련이지요. 그런데 목소리는 가장 늦게 늙는다고 해요. 목소리 덕분에 이렇게 오랫동안 시청자들을 만날 수 있는 것 같습니다."

11년이 지나 이제 85세가 된 김동건 아나운서. 61년 동안 마이크를 잡고 가요무대도 여전히 진행하고 있는 김 아나운서. 목소리는 11년 전 그대로다. 그의 부드럽고 정감 있는 목소리가 80대 중반의 나이에 60년이 넘도록 시청자들과 함께할 수 있는 원동력이 아닐까.

역사를, 삶을 바꾸는 말의 힘

말의 힘은 강하다. 말 한마디로 천 냥 빚을 갚을 수도 있고, 평생 불구지천의 원수가 될 수도 있다. 말 한마디로 전쟁이 날 수도 있고, 평화를 지킬 수도 있다.

"국민의, 국민에 의한, 국민을 위한 정부는 지구상에서 결코 사라지지 않을 것이다."

에이브러햄 링컨은 유명한 게티즈버그 연설을 통해 남북전쟁을 승리로 이끌었다. 윈스턴 처칠은 2차 세계대전 때 "공포는 반응이고 용기는 결심이다"는 말로 전쟁의 공포에 질린 영국인들의 항전 의지를 다지게 했다. "동료 시민들이여, 국가가 무엇을 해주기를 바라기 전에 국가를 위해 무엇을 할 수 있는지 생각해 달라!" 존 F. 케네디 전 미국 대통령의 연설은 언제 들어도 감동이다.

말은 그 사람의 인품을 드러낸다. 돈이 많거나, 학력이 높거나, 권력이 있거나, 명예가 높다고 그 사람의 인품이 훌륭한 건 아니다. 틈만 나면 뒷담화를 하거나 비속어를 남발하는 사람을 두고 인품이 높다고 말할 수 있겠는가? 인품의 높낮이는 그 사람이 어떤 말을 쓰느냐에 달려 있다. 언어의 수준이 그 사람의 됨됨이를 결정하는 것이다.

품위 있게 나이 들기 위해서 말이 특히 중요하다. 50이 넘어서면서 어떤 사람은 '꼰대'로 낙인 찍히고, 어떤 사람은 멘토로 존중받기도 한다. 머리가 희끗희끗해질 때 어떤 사람으로 대접받을지는 그 사람이 사용하는 언어에 달려 있다. 어디를 가든지 환영받고 싶은가. 누구에게든 다시 만나고 싶은 사람이 되고 싶은가.

그렇다면 오늘부터 당장 말 그릇에 긍정적인 메시지를 담아보라. '하루에 열 번 주위 사람들에게 기쁨을 안겨주는 말'을 준비해 보라. 그리고 부드러운 어조로 천천히 말해보자.

나이 들수록 독서는 더 필요하다

유리 가가린

1961년 4월 12일 보스토크 1호를 타고 1시간 29분 만에 지구 상공을 일주한 인류 최초의 우주비행사이다. 우주에서 지구를 본 감상을 "지구는 푸른빛이었다"라고 표현한 그의 말은 전파를 타고 전 세계로 퍼져나가 유행어가 되기도 했다.

나에게 가가린은 '인류 최초의 우주비행사'라는 거창한 수식어보다 '백과사전에 처음 등장하는 사람'으로 머리에 박혀 있다. 초등학교 5학년에 다니던 어느 날, 나는 책장 한 구석에 자리 잡고 있던 백과사전을 처음 접했다.

산으로 들로 놀러 다니기 바빠 책에 별 관심이 없었던 터라 존재

자체를 몰랐던 백과사전이 우연히 눈에 확 들어온 것이다. 10cm쯤 되는 두꺼운 책 표지를 열자 등장한 첫 단어가 '가가린'이었다. 가나다순으로 정리된 사전이다 보니 가가린이 첫머리를 장식했던 것. 백과사전을 펼칠 때마다 가가린이 눈에 들어왔으니 50년의 세월이 흐른 지금인들 어찌 가가린을 잊을 수 있겠는가?

어느새 백과사전의 매력에 푹 빠져 궁금한 게 있으면 들춰보곤 했고, 그 덕분에 쌓인 '지식'을 시험해 볼 생각으로 당시 고등학생들의 지식 대결로 큰 인기를 끌었던 〈장학퀴즈〉의 열렬한 시청자가 되기도 했다. 백과사전은 내 독서의 힘찬 출발이었다.

당신은 책 읽는 습관이 있습니까?

이렇게 시작한 독서는 학창 시절을 거쳐 직장에 들어와서도 여전히 이어졌다. 대학 다닐 땐 전공인 문학은 물론 철학, 정치학, 역사, 사회학, 자연과학 등 분야를 가리지 않고 두루 섭렵했다. 책 읽기가 밥벌이가 된 적도 있었다. 신문사 문화부에서 출판 담당을 할 때였다. 출판사에서 보내주는 새 책이 1주일이면 약 200권에 달했다. 이 중 신문에 소개되는 책은 20권 정도. 치열한 경쟁을 뚫고 선택받는 책을 리뷰하는 게 일이었다. 이런 일을 4, 5년 해보니 책을 보는 안

목도 생겼다. 책에서 즐거움을 찾고, 길을 찾으려는 노력은 지금도 부단히 계속되고 있다.

빌 게이츠는 "나에게 소중한 것은 하버드 졸업장보다 책 읽는 습관"이라고 했다.

독서의 중요성은 빌 게이츠뿐만 아니라 모두가 알고 있다. 하지만 실천하는 사람은 드물다. 대한민국 성인 10명 가운데 6명이 1년에 책을 1권도 읽지 않는다. 문화체육관광부가 2년마다 시행하는 '국민 독서실태 조사'에서 드러난 사실이다. 2023년 국민독서실태 조사에 따르면 만 19세 이상 성인의 연간 종합 독서율은 43%, 국민 1인당 종합 독서량은 3.9권이다. 경제협력개발기구(OECD) 국가 중 최하위 수준이다. 2021년 성인 연간 종합 독서율과 독서량은 각각 47.5%, 4.5권이다. 2019년은 각각 55.7%, 7.5권이며 2017년은 각각 59.9%, 8.3권을 나타냈다. 종합 독서율과 독서량 모두 꾸준히 하향 곡선을 그리고 있는 게다. 연간 종합독서율은 교과서 · 학습참고서 · 수험서 · 잡지 · 만화 등을 제외한 일반도서를 1권 이상 읽거나 종이책 · 전자책 · 오디오북 등을 들은 사람의 비율이며, 연간 종합 독서량은 지난 1년간 읽거나 들은 일반도서의 권수다.

치매 예방도 되는 독서

　노인들이 가장 두려워하는 질환은 치매다. 우리나라 사망 원인 1 위인 암 환자의 경우 정신은 멀쩡하다. 사랑하는 가족들을 만나 추억을 쌓을 수도 있고, 유언도 남기며 세상을 떠난다. 하지만 치매 환자는 가족은 물론 정작 자신이 누구인지도 모르면서 허무하게 떠난다.

　국립중앙의료원 중앙치매센터의 〈대한민국 치매 현황 2022〉 보고서에 따르면 2021년 우리나라 65세 이상 인구 약 860만 명 중 89만 명이 치매 환자로 추정된다. 노인 10명 중 1명이 치매를 겪고 있는 셈이다. 우리나라 인구구조가 급속히 고령화됨에 따라 치매 환자수는 기하급수적으로 늘어 2030년 142만 명, 2050년에는 315만 명을 넘을 것으로 전망된다.

　독서는 이런 치매를 예방하는 데 효과적이다. 임상신경과학자이자 정신과 전문의인 다니엘 에이멘은 저서 《뇌는 늙지 않는다》에서 사고력과 기억력을 개선할 방법의 하나로 독서를 첫손에 꼽으며 당장 실천할 것을 권한다.

　"관심 있는 책을 하루 30분씩 열심히 읽자. 뇌는 근육과 같다. 사용하지 않으면 사용하는 능력을 잃게 된다. 정신 능력이 가장 많이 감퇴하는 시기는 공식적인 학교 교육을 마친 후와 은퇴 후다. 왜 그럴까? 계속해서 배우고 성장하고, 뉴런(신경세포)을 최대한 활용하기 위해 자신을 밀어붙이지 않기 때문이다. 독서는 배움을 지속하는 데 도움이 된다. 새로운 것을 계속 배울 필요가 없는 직업을 가진 사람들은 알츠하이머병에 걸릴 위험이 높다."

중앙치매센터도 •일주일에 3번 이상 걷기 등 운동 •생선과 채소 골고루 챙겨 먹기 등 식사와 함께, 독서를 '치매 예방수칙' 세 가지 중 하나로 권한다.

뇌과학에 따르면 책을 읽을수록 뇌는 활성화된다. 학습과 기억에 중요한 역할을 하는 해마의 뉴런이 증식되기 때문이다. 새로운 신경세포는 노화를 방지하고 젊음과 건강을 유지하게 한다.

삶을 변화시키는 독서

독서는 학습 영역뿐만 아니라 삶의 전반에 걸쳐 긍정적인 효과를 미친다. 한 권의 독서로 느낀 성취감은 신경전달물질인 도파민 분비를 늘려주며, 독서를 통해 얻는 감정의 변화로 행복 호르몬인 엔도르핀과 세로토닌 분비도 많아진다. 책을 소리 내어 읽으면 뇌 신경세포와 혈류량을 늘려 치매 예방에 더욱 효과적이라는 연구 결과도 있다.

독서는 혼자 있는 시간을 잘 보내는 최고의 방법이기도 하다. 독서는 혼자서 하는 것이어서 나 홀로 있는 시간이 길수록 감사할 따름이다. 각종 SNS로 주변 사람들에게 열심히 사진도 올리고 소식을 전한다. 다른 사람들도 마찬가지다. 서로 '구독', '좋아요'를 누르며 많은 시간을 보낸다. 그런데 하루해가 저물 무렵이면 어김없이 공허한 마음이 밀려온다.

워런 버핏은 "독서를 이기는 것은 없다"고 했고, 키케로는 "책은 청년에게는 음식이 되고 노인에게는 오락이 된다. 부자일 때는 지식이 되고, 고통스러울 때면 위안이 된다"고 독서의 중요성을 강조했다.

독서는 가장 가성비 좋은 공부 자료다

독서는 젊은이들에게만 필요한 게 아니다. 인생 2막이 열리는 60대 이후에도 소중하다. 끊임없이 변화하는 사회를 이해하고 새로운 지적 호기심을 채우기에 책만큼 중요한 정보원은 없기 때문이다.

나이 들어가면서 인생의 가치를 깨닫고 매일 즐겁고 풍요롭게 살고 싶다면 책을 가까이해야 한다. 데카르트는 "좋은 책을 읽는 것은 과거의 가장 뛰어난 사람들과 대화를 나누는 것과 같다"고 했다. 또 몽테뉴는 "독서만큼 값이 싸면서도 오랫동안 즐거움을 누릴 수 있는 것은 없다"고 말했다. 책은 세상에서 가장 훌륭하고 가장 가성비 좋은 공부 자료다. 저렴한 가격에 이미 세상을 떠나거나 현존하는 위대한 지성의 가르침을 배울 수 있으니 말이다.

무엇보다 우리의 사고를 무한대로 넓혀준다는 점은 독서의 한없이 고마운 매력이다. 책을 읽으며 확장된 사고는 자신이 평소 받아들이지 못했던 주변 사람들의 입장을 이해하게 해준다. 타인을 이해하고 공감하는 능력이 생기면 남을 배려하고 공존할 수 있다. 공감 능력과 배려심은 사람들과 어우러지며 살아가는 데 가장 필요한 덕목 아닌가?

독서로 뇌 근육을 키워 치매를 예방하고 건강을 유지해 보자. 독서로 변화하는 세상과 호흡하며 지적 호기심을 채워보자. 독서로 사고의 폭을 넓혀 타인의 입장을 이해하고 공감하는 능력을 키워보자.

배우기에 늦은 나이란 없다

84살 최고령 수능 응시생의 합격 스토리

2023년 11월 16일. 2024학년도 대학수학능력시험(수능)이 있던 이날, 인생에서 가장 '큰일'을 치렀던 할머니가 있다. 84살. 수능 최고령 응시생인 김정자 할머니였다. 그는 학업을 제때 마치지 못한 40~80대 만학도들이 다시 공부를 시작하는 일성여자중·고등학교 3학년 1반 학생이다. 초등학교에 들어갈 때쯤 한국전쟁이 발발해 거제도로 피란을 가는 바람에 배움의 길을 놓쳤다. 팔십 평생 가까이 한글을 깨치지 못하고 살다가 누구보다 열정적으로 공부해 손주보다도 한참 어린 학생들과 어깨를 나란히 하며 대학에 도전한 김 할머니. 그의 감동 어린 소식에 네티즌들은 "파이팅", "진짜 멋있으시다", "울

컥한다", "좋은 성적 받길 바란다" 등 응원의 함성을 쏟아냈다.

수능을 치른 뒤 약 한 달 후 김 할머니는 tvN 〈유 퀴즈 온 더 블럭〉에 출연했다. 영어로 자기소개를 한 뒤 "잘못한 것 같다"며 쑥스러워했다. 이어 "나는 대학에 가든 안 가든, 내가 이 나이에 수능을 쳤다는 게 내 인생에서 제일 큰일인 것 같다. 그런 마음으로 기분 좋게 수능을 봤다"라고 했다. 한글 배우고 수업받는 게 좋으냐는 사회자의 질문에 "너무너무 좋다. 내 인생이 바뀌어버렸다. 모든 것이 다 즐겁고, 하나하나 아는 게, 이렇게 (까막)눈을 떴으니까, 그래서 좋다"라고 말했다.

앞서 4년 전에도 〈유 퀴즈〉에 출연했던 김 할머니는 "허리가 굽어 잘 못 걸어서 학교에 가려면 새벽 6시 30분 되면 집에서 나와야 한다"며 "첫 교실에 들어갈 때는 담임선생님 보고 눈물이 났다. 너무 좋아서"라고 당시를 회상한 바 있다.

김 할머니는 2024년 1월 마침내 대학생이 됐다. 숙명여대 미래교육원 사회복지전공 신입생이 된 것이다. 학교 측은 김 할머니의 학업을 응원하는 의미에서 1년간 장학금을 지원하기로 했다. 김 할머니는 "배워도 자꾸 잊어버리겠지만 열심히 다닐 것이다. 건강이 허락할 때까지 연필을 놓지 않으려 한다"라고 말했다.

래퍼로 변신한 칠곡 할매들

평생 농사만 짓다가 뒤늦게 한글을 깨친 평균 나이 85살의 칠곡 할매들. 정성스레 쓴 한글을 폰트로 바꾼 칠곡 할매글꼴 탄생에서 '수니와 7공주'라는 힙합 그룹을 만들어 뮤직비디오까지 찍은 일곱 할매들이다.

나이 들어 기력이 쇠약해진 80~90대 할머니들의 삶에는 대체 어떤 비밀이 숨어 있길래, 이렇게 활력이 넘치고 즐거운 걸까? 나이를 무색하게 하는 이들의 이야기는 다큐멘터리 〈칠곡가시나들〉로 영화화됐고, 2024년 12월에는 KBS 〈인간극장〉에 5부작으로 방송되기도 했다.

일제강점기와 해방기에 태어나 한국전쟁을 거치고, 보릿고개를 넘으며 배움에 길에서 멀어졌던 할매들은 경북 칠곡군이 마을회관이나 경로당에서 운영하는 성인문해교실을 통해 늘그막에 한글을 깨쳤다. 여든이 넘어 까막눈에서 벗어난 이들은 래퍼로 변신해 배우지 못한 설움과 노년의 외로움을 경쾌한 리듬의 랩 가사로 표현해 또 한 번 큰 화제를 모았다.

김정자 할머니와 칠곡 할매들은 뚜렷한 공통점이 있다. 한글을 깨치지 못하다 나이 들어서도 배움의 길에 주저 없이 뛰어든 점이다. 배움에 정진을 거듭한 끝에 김 할머니는 수능 최고령 응시생으로 자기 인생의 정점을 찍었고, 칠곡 할매들은 한글을 깨친 덕분에 래퍼로까지 변신하며 〈인간극장〉의 주인공이 될 수 있었다.

배움에 대한 열정은 나이도 시름도 모두 잊게 했다. 이들에게 '공부에도 다 때가 있다'는 말은 옛말일 뿐이다. 나이 들어서 하는 공부가 진짜 공부라는 말을 입증해 보인 대표적인 사례라고 할 만하다.

'이 나이에'라는 생각이 가장 위험하다

나이 들어서도 쉼 없이 학습하고 끊임없이 책을 내는 90대 '글쓰기 고수' 의사가 있다. 한국을 대표하는 정신과 의사이자 뇌과학자인 이시형 박사다.

1934년생인 이 박사는 1982년 《배짱으로 삽시다》를 낸 뒤로 지금까지 120여 권에 달하는 책을 세상에 선보였고, 여전히 왕성하게 유튜브 등을 통해 다양한 지적 정보를 전달하고 있다. 그의 저작 중 《공부하는 독종이 살아남는다》는 나이 들어 공부하는 사람에게 특히 고무적이다. 나이 든 후의 공부가 더 효율적이라는 뇌과학적 연구 결과를 밝히고 있기 때문이다.

책에 따르면 기억력은 나이가 들수록 떨어지지만, 문제 해결 능력과 판단력 등은 좋아지므로 전반적 지능은 오히려 향상된다. 이 박사는 혼과 카텔(Horn and Catell)의 연구 결과를 인용해 기억력 등을 의미하는 유동성 지능은 나이가 들면서 떨어지지만, 지식과 경험에 의해 만들어지는 결정성 지능은 올라간다고 설명한다. 특히 정보를 관리하고 판단하는 지능인 '통괄성 지능'은 40세 이후부터 사람에 따라 높아지기도 하고 떨어지기도 하는데, 이는 사람에 따라 정보를 다루는 훈련, 즉 공부를 얼마나 하느냐의 차이로 달라진다.

이 박사는 이 같은 연구 결과를 전하면서 '이 나이에'라는 생각이 가장 위험하다고 말한다. 그는 "나이와 상관없이 공부를 계속하면 기억에 관여하는 해마 신경 세포가 증식하므로, 뇌를 제대로 활용하는 법만 배운다면 누구나 10대 못지않은 젊은 뇌를 유지할 수 있다"고 강조한다.

개인적으로 이 박사와 인연도 있다. 18년 전인 2006년 문화일보 창간 15주년을 맞아 '행복'을 주제로 인터뷰했다. 인터뷰 중 인상 깊었던 내용을 간략하게 소개하면 이렇다. "모든 걸 다 갖춘 사람이 어디 있나. 자기가 처한 상황에서 없으면 없는 대로 평화와 행복을 만들어 내는 능력, 그게 행복의 시작이다. 행복의 전제 조건이 만족이다. 불만인 사람은 항상 모자라고 행복할 수가 없다."

나이 들어서 하는 공부가 진짜 공부다

김정자 할머니와 칠곡할매는 행복한 사람들이다. 갖추지 못했지만 자기가 처한 상황에서 배움을 통해 행복을 만들어냈으니 말이다.

> "배우고 때로 익히면 또한 기쁘지 아니한가?"
>
> (學而時習之 不亦說乎)

《논어》 첫머리에 나오는 구절로 우리에게 익숙한 말이다. 인생은 배움의 연속이다. 공자는 끊임없이 배우고 익히는 공부를 가장 수준 높은 삶의 모습이라고 봤다. 새로운 지식을 탐구하고 익히는 일을 최고의 기쁨으로 꼽았다. 언제 어디서나 얻을 수 있는 게 배움이다. 그렇게 익힌 것을 실천했을 때 더 큰 기쁨을 맛볼 수 있다.

배우기에 늦은 나이란 없다. 배움의 영역에서 나이란 사소한 것이다.

92세에 국내 최고령 박사로 이름을 올린 이상숙 선생. 그는 언론과의 인터뷰에서 "저를 최고령 박사라고 하지만 나이에 대해 특별히 생각해 본 적이 없고, 이 나이에도 공부할 수 있다는 걸 남들이 인정해 주고, 도와주고, 격려해 준 데 대해 감사할 뿐"이라고 겸손하게 말했다.

1931년생인 이상숙 선생은 1961년 숙명여대 가정학과 졸업 후 무려 57년 만인 2018년 87세의 나이로 성공회대 일반대학원 사회학과 석사과정에 입학했다. 89세에 석사학위를 받은 직후 박사과정에 도전했으며 3년 만인 2023년 92세의 나이로 사회학 박사학위까지 취득하는 기염을 토했다. 공부하는 게 삶의 즐거움이 되지 않았다면 결코 이룰 수 없는 성과다.

이 선생은 2024년 2월 《용서하십시오, 그리고 긍휼히 여겨주십시오》란 제목으로 책을 냈다. 박사 학위를 받은 뒤 약 1년 만의 출간이다. 끝없는 도전이다.

"스물이든 여든이든 배우기를 그치는 사람은 늙었다. 그러나 계속 배우는 사람은 젊음을 유지한다. 삶에서 가장 훌륭한 일은 마음을 젊게 가꾸는 일이다."

세계 최초로 자동차 대량 생산 성공한 헨리 포드가 남긴 말이다.

김정자 할머니와 칠곡 할매들처럼 끊임없이 배우며 살자. 이시형 박사와 김정숙 선생처럼 쉼 없이 학습하고 이를 전파해 누군가에게 보탬이 되는 삶을 살아 보자. 헨리 포드의 말을 실천에 옮기며 평생 마음을 젊게 유지하며 살아보자.

나이 들어서 하는 공부가 진짜 공부다. '끊임없이 배운다.' 내 카
톡 프로필 문구다.

죽음의 공포도 이기는 힘, 유머

"강제 수용소에 예술 비슷한 것이 있다는 것만으로도 놀라워하는 사람이 있을 것이다. 하지만 예술뿐만 아니라 유머도 있었다는 것을 알면 더욱더 놀랄 것이다. 비록 그 흔적이 아주 희미하고 몇 초 혹은 몇 분 동안만 지속하지만, 유머는 자기 보존을 위한 투쟁에 필요한 또 다른 무기였다. 이미 잘 알려진 대로 유머는 그 어떤 상황에서도 그것을 딛고 일어설 수 있는 능력과 초연함을 가져다준다."

오스트리아 정신과 의사 빅터 프랭클 박사는 극한의 상황에서도 엄청난 능력을 발휘하는 '유머의 힘'을 자신의 책《빅터 프랭클의 죽음의 수용소에서》에서 이렇게 표현했다. 그는 제2차 세계대전 중 독일군에 체포되어 아우슈비츠 수용소에 갇혀 하루하루를 죽음의 공포와 싸우다가 구사일생으로 살아남았다.

프랭클 박사는 "유머 감각을 키우고 사물을 유머스럽게 보려는 시도는 우리가 세상을 살아가는 기술을 배우면서 터득한 하나의 요령이다"며 "고통이 도처에 도사리고 있는 수용소에서도 이런 삶의 기술을 실행하는 것이 가능하다"라고 설파했다. 그러면서 아우슈비츠의 건축공사장에서 함께 일하는 친구들에게 유머 감각을 개발하는 훈련을 실행했다. 죽음의 수용소에서조차 유머는 죽음의 공포를 줄이고, 희망을 늘려준 삶의 활력소였다.

눈물이 날 때까지 웃어 보자

영화 〈버킷리스트:죽기 전에 꼭 하고 싶은 것들〉에서 "길면 1년"이란 시한부 선고를 받은 두 노인은 생의 마지막을 앞두고 유머를 잃지 않는다. 자수성가한 백만장자 에드워드(잭 니콜슨)와 가난한 자동차 정비사 카터(모건 프리먼)는 말기암 환자로 병원에서 우연히 만나 버킷 리스트를 작성한다.

두 노인의 몇 가지 버킷리스트 중에 '눈물 날 때까지 웃기'(Laugh until I Cry)가 있다. 에드워드는 자신을 고집하는 최고급 커피 코피

루왁이 실은 고양이 배설물에서 나왔다는 사실을 카터로부터 알게 되고, 그 순간 두 사람은 눈물이 날 정도로 폭소를 터뜨린다. 시종일관 유머를 잃지 않는 영화는 슬프지만 유쾌하게 죽음을 맞이할 수도 있다는 희망을 전한다.

웃음은 신이 인간에게 준 선물이다. 수많은 동물 중 사람만 웃는다. 웃을 때 스트레스 호르몬이 줄어들고 모르핀보다 200배나 강한 진통 효과가 있는 엔돌핀이 나온다. 하루에 사람은 몇 번이나 웃을까. 웃음에 대한 과학적 연구에 따르면 아이들은 하루에 300~400번 웃지만, 어른들은 기껏해야 하루 15번 웃는다. 천진난만한 애들은 잘 웃지만, 삶이 점점 더 진지해지는 어른은 잘 웃지 않는 것이다.

젊고 행복하게 살기 위해서는 억지로라도 웃고 유머를 발휘해야 한다. 뇌는 거짓 웃음도 진짜 웃음과 똑같이 인지해 억지로 웃어도 웃거서 웃을 때와 같은 효과를 볼 수 있다. 거울을 보면서 15초 이상 눈꼬리를 내리고 입꼬리를 올리면 뇌는 웃고 있다고 생각하고 행복 호르몬인 세로토닌을 분비한다. 늘 미소 가득한 얼굴로 사람들을 대했던 김수환 추기경은 "웃는 모습을 생활화하라. 웃음은 만병의 예방약이고 치료약이며 노인을 젊게 하고 젊은이를 동자로 만든다"라고 했다.

웃는 것은 가장 쉬운 유산소운동이기도 하다. 웃기 시작하면 얼굴 근육뿐 아니라 심장과 폐 등 장기 근육까지 활성화된다. 유머에 집중하는 동안 걱정에서도 벗어난다. 재미있는 유머에 집중하는 것과 부정적인 생각을 하는 것은 동시에 할 수 없기 때문이다.

때론 유머가 강력한 무기가 된다

유머는 난처한 상황을 반전 시켜주는 무기가 되기도 하다.

윈스턴 처칠 영국 총리가 정계에서 은퇴한 뒤 80세의 나이로 한 파티에 참석했다. 바지 지퍼가 열린 줄도 모르고 돌아다녔다. 이를 본 한 귀부인이 짓궂게 묻는다.

"어머 총리님. 남대문이 열렸어요."

처칠은 바지춤을 내려다보더니 태연하게 대답한다.

"걱정하지 마세요, 부인. 이미 '죽은 새'는 새장 문이 열려도 밖으로 나올 수 없으니까요."

'20세기의 최대 거인(巨人)' '이 시대의 가장 위대한 인간' '영국이 낳은 가장 위대한 영국인' 등 수많은 찬사를 받는 처칠. 그는 링컨·루스벨트와 함께 가장 탁월한 대중 연설가인 동시에 '유머 감각이 가장 뛰어난 지도자'로 손꼽힌다. 유머는 처칠이 제 2차 세계대전을 승리로 이끌고, 세계적인 정치가로 이름을 남길 수 있었던 원동력이었다.

에이브러햄 링컨 미국 16대 대통령도 유머 감각이 탁월한 정치인이었다. 링컨은 원숭이를 닮은 듯한 외모 때문에 못생겼다는 지적을 자주 받았다. 어느 날 선거 유세에서 상대 후보가 링컨을 공격했다.

"당신은 사람과 원숭이의 두 얼굴을 가진 이중인격자야!"

그러자 링컨은 이렇게 응수한다.

"내가 정말 두 얼굴을 가졌다면 이 중요한 자리에 왜 하필 못생긴 얼굴을 가지고 나왔겠습니까?"

링컨은 이 유머 덕분에 유세장에 있는 사람들을 모두 자기편으로 만들 수 있었다.

유머는 죽음의 수용소에서도, 시한부 선고를 받은 병실에서도, 전쟁이란 또 다른 극한 상황에서도, 혼탁한 정치판에서도 '상상 그 이상의 힘'을 발휘한다. 아재 개그면 어떤가. 나이 들었다고 심각해지지 말고, 입꼬리를 한껏 올리고 눈물 날 때까지 웃어보자. 내 몸 안에 잠자고 있는 유머 감각을 일깨우고, 유머를 생활화해 보자.

중요한 외모,
중년에 빛나는 모습으로 가꾸자

1960년 미국 대통령 선거.

공화당의 리처드 닉슨과 민주당의 존 F. 케네디 상원의원이 격돌했다. 정치 경험이 풍부한 데다 현직 부통령인 닉슨과 만 43세의 정치 풋내기 케네디의 대결은 결과가 뻔한 승부였다. 하지만 텔레비전 토론을 시작하면서 이변이 벌어졌다. 라디오를 청취하던 사람들은 닉슨 후보가 승리하리라고 확신했지만, 8,000만 명이 시청한 텔레비전 토론에서 많은 시청자는 케네디의 승리를 예측했고, 실제 케네디 후보가 대권을 거머쥐는 파란이 일어났다. 어떻게 이런 일이 벌어졌을까.

두 사람의 승부를 가른 것은 다름 아닌 '외모'였다.

케네디 진영은 복장, 표정, 몸가짐 등 '외모 전략'에 공을 들였다.

젊고 잘생긴 외모에다 텔레비전용 메이크업까지 해 시종일관 당당하고 활기찬 모습을 보인 케네디는 체형에 맞지 않는 정장에 앉아있는 자세도 좋지 않고 어딘가 불안하고 초조한 모습의 닉슨과 대비되며 시청자들의 마음을 단숨에 사로잡았다.

첫인상이 중요하다

사람들을 만나다 보면 금방 친근함이 느껴지는 사람이 있는가 하면 왠지 다시 만나기가 꺼려지는 사람도 있다. 첫인상의 영향이다. 첫인상이 인상 형성에 강력한 영향을 끼치는 것을 '초두효과(Primacy Effect)'라 한다. 이 초두효과도 외모와 깊은 관련이 있다. 초두효과는 심리학 용어로, 어떤 사람을 처음 봤을 때 느끼는 인상이나 외모 등이 영향을 미쳐 그 사람에 대해 형성되는 고정관념이다. 정보가 시간 간격을 두고 주어지면 정보처리 과정에서 먼저 획득한 정보가 나중에 얻은 정보보다 훨씬 더 강력한 영향력을 발휘한다는 것을 의미한다.

첫인상을 좌우하는 요소는 '메라비언의 법칙'을 살펴보면 알 수 있다. 이 법칙에 따르면 상대방에 대한 이미지를 판단하는데 작용하는 요소 중 시각(Visual; 외모, 옷차림, 보디랭귀지)이 55%, 청각(Vocal;

목소리, 말투)이 38%, 언어(Verbal; 말 자체의 의미나 말로 이루어진 이야기의 내용)가 7%를 차지한다. 외모 등 비언어적 요소가 말보다 첫인상을 형성하는 중요한 기준임을 보여준다.

외모가 우리의 삶에서 얼마나 뿌리 깊고 구석구석 영향을 미치는지 보여주는 연구 결과를 담은《외모, 상상 이상의 힘 룩스》(한스미디어)는 외모의 중요성을 더욱 생생하게 보여준다. 저자 고든 팻쩌는 30년 동안 외모지상주의(lookism)를 연구한 시카고 루스벨트대 종신재직 교수다.

책에 따르면 외모의 힘은 막강하다. 성인 미국 남자의 평균 키 173cm보다 2.5cm 더 클 경우 1년에 약 879달러를 더 버는 것으로 나타났다. 키가 월급의 척도인 셈이다. 연애와 결혼의 당사자들은 물론 선생님이나 배심원들도 잘생긴 외모를 믿을 수 없을 정도로 선호한다. 외모는 교사가 유치원에서 대학원에 이르는 학생들을 평가하고, 학점을 매기는 방식에서도 중요한 요인이다. 나아가 짝이나 절친한 친구를 찾고 관계를 지속하며, 직업을 선택하고 일자리를 찾거나 유지하는 데도 중요한 요인이 된다. 외모는 법정에서도 힘을 발휘한다. 배심원들은 매력을 덜 끄는 변호사보다 이목 끄는 변호사의 주장을 좀 더 신용한다.

조선시대 관직에 오른 사람을 평가하는 기준으로 신언서판(身言

書判)이 있다. 문자 그대로 외모, 언변, 문장력, 판단력을 말하는데, 그중 으뜸은 생김새였다. 예전에도 외모를 중시한 것이다.

중년에 걸맞은 빛나는 외모로 가꾸자

사람들은 어려서부터 '외적인 것보다는 내면을 중시해야 한다'라거나 '외모로 사람을 판단하지 말라'는 말을 듣고 자란다. 나도 그중 한 사람이다. 부모님뿐만 아니라 선생님 등 당시 어른들의 외모에 대한 인식은 대부분 이런 식이었다. 하지만 커가면서 외모의 중요성을 몸소 느끼며 외모를 강조하다 보니, 지금은 딸로부터 외모지상주의자(?)란 말까지 종종 듣는다.

외모에 관해 서로 다른 생각이 있을 수 있다. 외모를 최우선 판단 기준으로 생각하는 외모지상주의자가 있는가 하면, 외모는 중요하지 않고 내면만을 중요하다고 생각하는 사람도 있다. 또 속으로는 외모를 중시하지만 외부의 시선을 의식해 겉으로는 중요하지 않다고 얘기하는 사람도 있다.

문제는 외모를 중시하는 것을 내면을 무시하는 것과 동일시하는 인식이다. 외모 가꾸기를 자신을 성장시키기 위한 하나의 기준으로 사용하라는 것이지, 다른 사람의 내면을 평가하거나 가치를 가늠하는 데 쓰자는 말이 아닌데 말이다.

　성별 나이를 불문하고 외모가 중요한 현실이다. 인간관계에서 외모가 결정적인 경우는 수없이 많다. 취업도 외모가 좌지우지하는 시대다. 성형수술도 불사하는 이유다. 청춘기에는 특별히 가꾸지 않아도 젊음 그 자체만으로도 빛이 난다. 그럼 나이 든 중년기에는 어떻게 해야 할까. 좀 더 어려 보이기 위해 눈썹 문신을 하고, 주름 제거 수술을 받는 것이 능사일까.

　나이 들수록 잘생기고 예쁜 타고난 얼굴보다 인상 좋은 사람이 더 멋있어 보인다. 중년이 되면 노력과 경륜으로 쌓아온 인생의 결에 따라 세월의 흔적이 고스란히 담긴 주름조차 중후한 매력으로 다가온다.

　허리를 쭉 편 바른 자세, 밝고 온화한 표정, 말끔히 정리된 수염, 단정한 머리, 화려하진 않지만 깔끔한 옷차림, 정리된 손톱… 인위적인 성형보다 규칙적인 운동 등 소소하지만 좋은 생활 습관으로 중년에 빛나는 외모를 만들어 보자.

열정, '수퍼에이저(Super-Ager)'의 원동력

노년은 통념처럼 점점 의욕과 열정을
잃어가는 시기일까?

위대한 업적을 남겼을 때 위인들의 나이를 살펴보면 고개를 가로젓게 된다. 괴테는 《파우스트》를 82세에 완성했고, 소포클레스는 《클로노스의 에디푸스》를 80세에 썼다. 모세는 80세에 이스라엘 백성들을 이끌고 가나안 땅을 향한 대장정의 길을 나섰다. 미켈란젤로는 로마의 성 베드로 대성전의 돔을 70세에 완성했고, 베르디·하이든·헨델 등도 고희를 넘어 불후의 명곡을 작곡했다. 다니엘 드 포우는 59세에 《로빈슨 크루소》를 썼고, 칸트는 57세에 《순수이성비판》을 발표했다.

'색채의 마술사' 샤갈은 97세까지 역동적으로 활동하며 수많은 명화를 남겼다. '미국의 국민 화가' 그랜마 모지스는 76세에 그림을 시작해 숨을 거둔 101세까지 작업을 멈추지 않았다. 에머슨은 "그 어떤 위대한 일도 열정 없이 이뤄진 것은 없다"라고 했다. 모두 불타는 열정으로 일궈낸 위대한 업적이다.

나이를 무색하게 만드는 노년의 열정

땅콩 농사, 사랑의 집 짓기, 평화 전도사…. 지미 카터 전 미국 대통령을 생각하면 떠올리게 되는 단어들이다.

올해 100세로 미국의 역대 최장수 전직 대통령인 그는 '열정'으로 인생 제2막을 화려하게 장식한 대표적인 인물이라고 할 만하다. 그는 조지아주 상원의원, 주지사를 거쳐 1977년 대통령 자리에 올랐다가 1981년 1월 자리에서 내려왔다. 당시 56세였다. '2차 대전 이후 첫 단임 대통령'이라는 불명예를 뒤집어쓰며 50대의 젊은 나이로 초라하게 다시 고향인 조지아로 돌아갔다. 그때까지만 해도 땅콩 농사를 짓는 평범한 사람으로 비칠 뿐 그에게 다른 미래는 없어 보였다.

하지만 일에 대한 열정은 그를 다시 우뚝 일으켜 세웠다. 타인의 삶을 돕고 세계 평화에 이바지하는 일을 소명으로 그는 퇴임 1년여

만인 1982년 4월 부인 로절린 여사와 함께 '카터센터'를 설립했다.
또 해비타트 사랑의 집 짓기 운동 등 왕성한 사회 활동을 했다. 어느
새 국제무대에서 가장 신뢰받는 평화 전도사로 부상한 그는 세계 곳
곳의 분쟁지역을 찾아다니며 중재에 헌신했다. 그 결과 2002년 노벨
평화상을 수상했다. 대통령직에서 물러난 지 20년이 훌쩍 지나 노벨
상을 받은 건 유례를 찾을 수 없는 경우다. 뜨거운 열정이 만들어 낸
위대한 성취다.

카르멘 델로레피체. 뉴욕에서 활동하고 있는 세계 최고령 현역
슈퍼모델이다. 1931년생으로 93세, 망백(望百)을 훌쩍 넘겼다. 15세
에 보그 표지를 장식하며 모델 활동을 시작한 그는 78년간 현역으로
활발한 활동을 펼치고 있다. 그의 끊임없는 활동을 보면 '나이는 숫
자에 불과하다'는 말을 절감하게 된다. 델로레피체는 지난 2022년
91세의 나이로 과감한 세미 누드 화보를 촬영해 화제의 중심에 섰
다. 미국의 건강 및 뷰티 매거진 《뉴유(New You)》가 공개한 사진에는
베이지색의 속옷을 입은 델로레피체가 이불로 몸을 살짝 가린 채 우
아한 어깨선과 젊은 모델 못지않은 아름다운 각선미를 드러내 시선
을 사로잡는다.

그는 《뉴유》와의 인터뷰에서 나이 드는 것에 대해 "우리는 매일
성장한다. 끝날 때까지 끝난 게 아니다. 어제로부터 무언가를 배우

고 끊임없이 나를 변화시킨다"라고 말했다. 그러면서 "우리가 아기를 돌볼 때 하는 일, 아기를 사랑으로 먹이고 키울 때 하는 에너지를 자신에게 쏟아부어야 한다"고 자신의 아름다움 유지 비결을 전했다.

치매도 비껴가는 수퍼에이저의 삶

이처럼 80, 90대 노년임에도 20~30년은 젊은 중년의 뇌기능을 발휘하는 사람들이 있다. 이른바 '수퍼에이저(Super-Ager)'다. 수퍼에이저는 뇌만 젊은 게 아니고 신체도 또래보다 훨씬 더 젊다. 인구 10명 중 1명이 이런 행운을 누리며 산다. 나이 들면서 사람들이 가장 걸리고 싶지 않아 하는 질병을 꼽으라면 단연 치매다. 내 의지대로 몸과 마음이 움직여 주지 않으니, 누군들 걸리고 싶겠는가. 요즘 이런 치매가 젊은 층에서도 발생하고 있어 노인만의 문제가 아니라는 인식도 퍼지고 있다.

수퍼에이저는 이런 치매도 비껴가며 열정적으로 활동하고 있다. 세상 부러울 게 없는 사람들이다. 그렇다면 이런 수퍼에이저는 그저 좋은 유전자를 받고 타고난 걸까? 중앙일보 보도에 따르면 2023년 스페인에서 64명의 수퍼에이저와 55명의 일반 노인을 비교한 연구 결과, 수퍼에이저들은 몇 가지 공통점이 있었다. • 신체 활동 점수가 우수하고 •불안감과 우울감이 낮았다. •일상생활을 활발하게 하고 •읽기 점수가 높았다. •중년에 활발한 활동을 했고 •반응 속도가 빨랐으며 •충분히 잤다. •음악을 배운 적이 있었으며 •혈당 장애가 적었다. •다양한 경험을 했으며 •긍정적인 성격이었다.

요약하면 활발한 신체 활동과 다양한 경험, 충분한 수면, 긍정적 정서가 중요했다. 활발한 신체 활동과 다양한 경험은 열정 없이 이룰 수 없는 항목이다.

프랑스 작가 라 로슈푸코는 "사람은 그 마음속에 열정이 불타고 있을 때가 가장 행복하다. 열정이 식으면 급속도로 퇴보하고 무력하게 돼버린다"라고 했다. 에밀 졸라는 "지루해서 죽느니 차라리 열정으로 죽겠다"라고 했고, 헤겔은 "열정 없이 이룬 위대한 일은 세상에 없다"고 말했다. 열정을 잃지 않으면 90대에도 치매에 걸리지 않고 행복감을 느끼며 앞으로 나아가는 수퍼에이저가 될 수 있다.

'노인 한 명이 사라지면 도서관 하나가 사라지는 것과 같다'는 아프리카 격언이 있다. '집안에 노인이 없으면 옆집에서 빌려 와라'는 덴마크 속담도 있듯이 노인은 사회 구성에서 중요한 존재다. 소극적이고 수동적인 '늙은이'가 아닌 원숙함에 열정을 더한 '액티브 시니어'로 살아보자. 그래야 젊은 층 앞에서도 '짐'이 아닌 '동반자'로 당당하게 설 수 있다.

입은 닫고, 귀와 지갑을 열자

"지금이 몇 신 줄 알아? 직장이 놀이터야" vs "무슨 일 있었어? 늦는 날도 있는 거지."

'지옥철'의 구름 같은 인파에 밀려 두 번이나 승차 기회를 놓치고 지각 출근한 사원에게 보인 두 상사의 엇갈린 반응이다. 같이 "왜 늦었어?"라는 말이지만 듣는 사람의 기분은 천양지차로 갈린다. 전자가 그저 대놓고 던진 질타의 말이라면, 후자에는 배려하고 이해하는 마음이 담겨 있기 때문이다.

명절에 친척들과 모처럼 모였다가 마음이 상해 돌아오는 경우가 적지 않다. 지나친 자랑·비교·간섭이 원인의 대부분이다. 특히 젊은 사람들이 불편함을 많이 느낀다. 가뜩이나 취업에 실패해 몇 년째 움츠리고 있는 조카에게 "어서 취직해야지", 결혼한 지 몇 년이 지나도록 아이 소식이 없어 애가 타 있는 부부에게 "애는 도대체 언제 볼 수 있는 거니?"

취직이나 출산의 당사자도 아닌데, 관심을 두는 양 던진 이런 말을 명절 때마다 듣는다면 여간 스트레스가 아닐 수 없다. 그냥 따뜻한 눈길로 어깨를 토닥이며 "요새 힘들지?" 정도면 될 텐데 말이다.

정말로 중요한 말 한마디

'낮말은 새가 듣고 밤말은 쥐가 듣는다', '말은 검이다. 죽이기도 하고 살리기도 한다', '말은 누군가에게는 위로이고, 누군가에게는 상처가 된다', '발 없는 말이 천 리 간다', '가는 말이 고와야 오는 말이 곱다', '같은 말이라도 아 다르고 어 다르다', '말 한마디에 천 냥 빚도 갚는다', '침묵은 금이다', '한편 말만 듣고 송사 못한다', '입은 삐뚤어져도 말은 바로 해라', '말이 씨가 된다', '말은 보태고 떡은 뗀다'….

말에 관한 속담은 많다. 말을 함부로 내뱉거나 말이 잘못 전해지면 큰 곤욕을 치르게 됨을 경계하며, 말 한마디가 얼마나 중요한가를 깨닫게 한다.

미국의 시인 워즈워스 롱펠로도 "우리가 무심코 내뱉는 말은 상대방의 가슴속에 수십 년 동안 화살처럼 꽂혀 있다"라고 말 한마디의 중요성을 강조한다. 하지만 정작 가족보다 더 많은 시간을 갖는 직장 내에서의 언어폭력은 생각보다 훨씬 심각하다. 한국노총 여성청년본부와 중앙연구원이 2023년 6월 15~30일 남녀 조합원 1600명을 대상으로 조사한 결과, 직장 내 괴롭힘을 경험한 비율은 61.5%에 달했다. 직장 내 괴롭힘을 •신체적 폭력이나 위협 •언어폭력 •사생활 침해 •직장 내 따돌림 등으로 유형화한 조사에서 험담·비속어·인격 모독 등 언어폭력 유형이 46.3%로 가장 높았다. 특히 '다른 사람이 보는 자리에서 큰소리를 지르거나 화를 냄'이 가장 많았고, 월 1회 이상 지속·반복적으로 경험했다는 응답도 48.4%에 달했다.

이런 조사 결과에 많은 직장인이 고개를 끄덕일 법하다. '이걸 일이라고 했냐?', '×가리에 뭐가 들었냐?', '너 같은 ×이 있을 자리가 아니다'…. 사람의 가슴을 후벼 파는 이런 말을 직접 들어 보거나 목도 했을 테니까.

말은 아끼고 더 많이 들어라

중국 전국시대 철학자 장자는 "개가 짖는다고 해서 용하다고 볼 수 없고, 사람이 떠든다고 해서 영리하다고 볼 수 없다"라고 했다. 말하는 것은 기술이지만, 듣는 것은 예술이다. 말하는 것은 지식의 영역이지만 듣는 것은 지혜의 영역이라고 한다. 사람의 입은 하나지만 귀가 둘인 것도 말은 아끼고 더 많이 들으라는 뜻이다.

경청하라. 상대방의 말을 재미있게 듣고 있다는 것을 표현하라. "아~", "그렇구나~", "정말?", "대단하다!"와 같은 추임새를 넣어주면서. 미국 토크계의 전설로《대화의 신》의 저자인 래리 킹은 생전 이런 말을 남겼다.

> "다른 사람의 말에 귀를 기울이지 않으면 상대도 당신의 말에 귀 기울여 듣지 않는다. 말을 제일 잘하는 사람은 논리적으로 말하는 사람이 아니라, 남의 말을 잘 들어주는 사람이다."

유대인 속담에 "나이가 들수록 입은 닫고 지갑을 열어라"라는 말이 있다. 나이 든 어른이라고 어린 사람에게 쓸데없이 참견하고 일방적으로 가르치려 들면 '꼰대' 소리 듣기 십상이다. 유대인 속담은 그런 말보다 실질적인 도움을 주는 존재여야 어른 대접을 받을 수 있다고 조언한다.

　모임 자리나 노래방에서 쉴 새 없이 말하거나 마이크를 놓지 않는 사람들이 있다. 그런 이들은 자기가 자리의 주인공이고 자기 말이 재미있고 자기만 흥이 있는 줄 안다. 대단한 착각이다. 사이만 멀어질 뿐이다. 나이 들수록 입은 닫자. 대신 귀와 지갑을 열어 보자. 반드시 존중과 감사의 마음으로 되돌아올 것이다.

이제 나만의 행복을 찾을 시간

2부

행복의 문,
이렇게 열어 보자

아내가 행복한 이유

아내는 꽃 가꾸기가 취미라면 취미다. 책 읽기를 좋아했지만, 한쪽 눈이 불편해진 뒤부터 책과 거리를 두게 됐다. 대신 꽃에 더 빠져 있다. 꽃이 피는 모습을 보면 세상에 없는 듯한 천상의 미소를 짓는다. 행복한 웃음이다. 두 아이를 키울 때처럼 정성스레 물을 주고 공기가 잘 통하게 한다. 추울 때는 따뜻한 거실로 화분을 옮기고, 광합성 작용이 더 활발하게 일어나도록 화분을 해의 방향에 따라 섬세하게 조정한다. 금지옥엽처럼 가꾼 화초가 하루가 다르게 쑥쑥 자라고, 어느덧 꽃망울을 터뜨리며 아름다운 자태를 뽐내는 모습을 보며 함박웃음을 짓는다. 갱년기의 마음고생도 더는 듯하다. 아내에게 꽃 가꾸기는 더할 수 없는 기쁨이다.

"내 하루의 삶 속에서 기분 좋은 시간이 길면 길수록 행복한 사람이다." 심리학자로 노벨경제학상(2002년)을 처음 받은 대니엘 카너먼 미국 프린스턴대 교수의 말이다. 매일 꽃과 함께하며 미소 짓는 아내는 '행복한 사람'이다.

'행운'의 네잎클로버 vs '행복'의 세잎클로버

네잎클로버는 '행운'을, 세잎클로버는 '행복'을 뜻한다. 5060세대라면 어린 시절 토끼풀 가득한 곳에서 친구들과 네잎클로버 찾기 경쟁을 하던 아련한 추억을 누구나 간직하고 있을 것이다. 네잎클로버는 발견하기 쉽지 않지만, 세잎클로버는 지천으로 깔렸다고 할 만큼 흔하게 볼 수 있다. 그런데 많은 사람이 지천으로 깔린 세잎클로버에는 눈을 두지 않는다. 찾기 어려운 네잎클로버에만 관심을 쏟는다. 큰 행운을 찾기 위해 작은 행복을 놓쳐버린다. 지천으로 깔린 세잎클로버를 볼 수 있는 사람은 행복한 사람이다. 이미 자기가 간직하고 있는 행복의 조건을 보지 못한 이는 불행한 사람이다.

쇼펜하우어는 "우리는 가진 것에 대해서는 좀처럼 생각하지 않고 언제나 없는 것만 생각한다"라고 했다. 행복은 선택의 문제다. 부정적인 면보다는 긍정적인 면에 눈을 돌리고, 없는 것을 찾기보다 이미 가진 것에 감사할 때 행복은 찾아온다.

"네잎클로버로 상징되는 행운을 잡기 위해 세상을 헤매고 다녀 봤지만, 중년의 나이에 들어보니 지천으로 널려 있는 세잎클로버가 전하는 평범한 일상, 소소한 행복이 더 소중하더라."

동년배 지인들을 만나면 한목소리로 이런 이야기를 한다. 네잎클로버의 흔치 않은 행운보다 도처에 널려 선택할 수 있는 세잎클로버의 행복이 더 소중하다.

행복은 '강도(强度)'보다 '빈도(頻度)'가 중요하다

행복은 '강도(强度)'보다 '빈도(頻度)'다. 큰 행복보다 잦은 행복이 우리의 마음을 더 풍요롭게 한다. 로또나 강남 아파트 청약에 당첨되기는 힘들다. 로또 당첨이 불행으로 이어진 경우도 본다. 하지만 꽃을 가꾸고 몸을 단련하고 맛있는 음식을 먹는 일상에서 기쁨을 얻기란 어려운 일이 아니다.

서은국 연세대 심리학과 교수는 행복을 주제로 한 강연에서 이렇게 말한다.

"행복의 기반은 관념적 생각이나 가치가 아닌 구체적 경험이다.

행복은 지극히 일상적인 즐거움의 누적이다. 이런 행복을 상징적으로 압축하는 게 좋은 사람과 밥을 먹는 것이다. 이럴 때 뇌가 가장 강력하게 반응한다."

10명의 좋은 사람과 한 번씩 맛있는 음식을 나누든, 한 명과 10번의 식사를 나눠서 하든 일상에서 즐거움의 빈도를 늘려나가는 것이 행복을 얻는 좋은 방법이다.

거창하거나 큰 행복만이 행복은 아니다. 남의 말에 귀 기울여주기, 길냥이에게 친절하기, 눈치 보지 않고 박장대소하기… 작고 소소한 것 역시 행복이다. 무라카미 하루키가 말한 작지만 확실한 행복, '소확행'이다. 큰 행복도 이런 작은 것들이 모여 얻을 수 있다. 행복은 강도보다 빈도다.

사람들은 스스로 결심한 만큼 행복해진다

에이브러햄 링컨은 미국 역사상 가장 위대한 대통령으로 꼽힌다. 자칫 남북전쟁으로 분열될 미국을 화해와 통합의 정신으로 결속해 오늘날 미국을 만드는 초석을 다졌다. 그가 쌓은 업적도 업적이지만 숱한 좌절과 실패에도 불굴의 정신으로 이를 극복해 나간 모습에 미국인들은 경의를 표한다.

링컨은 좋은 학벌과 좋은 집안과는 거리가 먼 전형적인 '흙수저'였다. 가난한 농민의 아들로 태어나 정규 학력은 1년도 채 되지 않고, 부모의 배경도 배우자 복도 없었다. 아홉 살 되던 해에 어머니를 잃고, 약혼녀를 먼저 보내는 슬픔을 겪었다. 선거에서도 낙선의 연속이었다. 주의회 선거에 출마했지만 당선되지 못했고, 대통령 선거 인단 선거에 출마해서도 떨어졌다. 하원의원, 부통령 지명 선거 등에서도 거듭 패배하는 등 모두 9차례나 낙선의 고배를 마셨다. 결혼 이후 4명의 자녀를 뒀지만 그중 3명이 18살을 넘기지 못하고 사망했다. 그리고 1860년 단 한 번의 선거에서 대통령이 됐다.

"사람들은 스스로 결심한 만큼 행복해진다."

링컨의 말이다. 링컨의 이 말처럼 사람은 스스로 행복해지려고 마음먹은 정도만큼 행복해진다. '난 불행해! 난 불쌍해!'라고만 생각하면 정말 불행하고 불쌍한 인생이 된다. 반대로 '나는 행복해! 나는 즐거워!'라고 마음먹는다면 행복하고 즐거운 인생을 누릴 수 있다.

실패를 밥 먹듯이 하며 심한 우울증까지 앓았던 링컨이 '난 불행해, 내 인생은 쓸모없어'라며 좌절했다면 그의 인생은 어떻게 됐을까. 행복과 불행은 마음먹기에 달려 있다. 어떻게 마음을 먹고 어떤 쪽을 선택하느냐에 따라 삶은 행복과 불행으로 갈린다. 행복과 불행은 선택의 문제다. 링컨의 삶에서 얻을 수 있는 '행복 레시피'이다.

행복이 성공의 열쇠

인생에서 지금, 이 시간이 가장 젊을 때다. 누구나 남아 있는 생에서 지금, 이 순간이 가장 청춘인 시기다. 100세 시대다. 이미 은퇴를 경험했거나 은퇴를 앞둔 5060세대라도 여전히 40, 50년의 시간이 남아있다. 아직 뭘 하기에도 충분한 시간이다.

그러니 뭔가 하겠다고 마음먹었으면 지금 시작해 보자. 내가 옳다고 믿는 것, 내가 원하는 것을 내 방식으로 해보자. 지금까지 나를 위해 살아왔다면 이제 남의 행복에도 시선을 돌려보자. 톨스토이는 그의 나이 58세에 쓴《인생론》에서 혼자만의 행복을 추구하는 좁은 인생관으로 세상을 바라보면 서로를 멸망시키는 불합리한 생존경쟁으로써 결국 불행을 초래한다고 말했다.

"행복은 추구한다고 얻어지는 것이 아니라, 결과로 일어나는 것이다. 성공이 행복의 열쇠가 아니라 행복이 성공의 열쇠다. 자기 일을 진심으로 사랑하는 사람이라면 그는 이미 성공한 사람이다. 가장 행복한 사람으로 찬양받을 만한 사람은 가장 많은 사람을 행복하게 해준 사람이다."

슈바이처의 말이다. 성공해서 행복한 것이 아니라 행복해서 성공한 것이다. 지금 행복하면 그 사람은 이미 성공한 것이다.

베풀면 행복이 찾아온다

"금고가 텅 빌 때까지 나누고 베풀겠다."

아마존 창업자 제프 베이조스의 전 부인 매켄지 스콧이 2019년 5월 전 재산의 절반 이상을 기부하겠다며 밝힌 서약서 내용이다. 스콧은 그해 이혼합의금으로 아마존 전체 주식 4%를 받았다. 당시 가치는 383억 달러(약 52조 2,000억원)였다. 실제 스콧은 통 큰 기부를 이어가고 있다. 2020년 한 해 동안만 미국 전역 300여 개 단체에 무려 59억 달러를 기부했다. 그해 7월 인종 및 성 평등, 공중 보건, 환경 보호 등의 분야 110여 개 단체에 17억 달러를, 12월에는 코로나19로 고통받는 취약계층 지원 등을 포함해 380여 개 단체에 42억 달러를 내놓았다. 이듬해인 2021년 6월 280여 개 기관에 27억 4000만 달러를 기부하는 등 오늘도 "금고가 텅 빌 때까지 나누고 베풀겠다"는 다짐을 성실하게 실천하고 있다. 차원이 다른 기부 행보를 보이고 있는 스콧. 사람들은 그를 두고 '기부 문화를 뒤흔든 진정한 파괴자', '기부 문화를 리모델링하는 자선 전문가'로 평가한다.

2023년 12월 여성 한의사가 거액을 기부해 화제가 됐다. 주인공은 이란 왕실의 주치의로 활동했던 이영림 '영림한의원' 원장. 그는 모교인 경희대에 1,300억 원을 내놓았다. 대학 기부액 가운데 가장 많은 금액이다. 이 원장은 20년 가까이 중동인들을 치료하면서 번 돈을 현지 건설업에 투자해 큰돈을 벌었다. 이렇게 일군 재산 1,300억 원을 모교에 쾌척한 것이다. 이 원장은 "인생은 공수래공수거, 빈손으로 왔다가 가는 것이 인간"이라며 "어린 시절 아무 대가 없이 독립운동한 아버지를 본받아 국가와 민족을 위해 기부하는 것이 당연하다"고 말했다. tvN 예능프로그램 〈유 퀴즈 온 더 블럭〉에 출연한 이 원장은 노벨상 수상자 배출이 기부의 목적이라며 "우리나라가 작은 나라도 아닌데, 일본에서도 (노벨상을) 많이 받았다. 이게 뭐냐. (대한민국도) 뭐 하나 있어야 하지 않냐?"고 아쉬움을 표했다.

누구나 베풀 수 있다

물질적인 것을 나누는 것만이 나눔이고 베풂이 아니다. 부처님은 가진 재산이 하나 없어도 남에게 베풀 수 있는 일곱 가지를 누구나 다 가지고 있다고 했다. 불교 경전 《잡보장경》에 등장하는 '무재칠시(無財七施)'이다. 첫째, '화안시(花顔施)'다. 환하고 밝은 얼굴로 남을 대하는 것이다. 둘째, '언시(言施)'다. 부드럽고 정감 있는 말투로 상대를 배려하는 것이다. 셋째, '심시(心施)'다. 마음의 문을 열고 내가 먼저 선한 마음을 보내주는 것이다. 넷째, '안시(眼施)'다. 호의를 담아 부드럽고 편안한 눈빛으로 사람을 대하는 것이다. 다섯째, '신시(身施)'다. 몸을 써서 남에게 도움을 주는 것이다. 여섯째, '상좌시(床坐施)'다. 앉을 자리를 내주어 양보하는 것이다. 일곱째, '찰시(察施)'다. 굳이 묻지 않고도 상대의 마음을 헤아려 알아서 도와주는 것이다.

무재칠시, 하나하나의 모습을 떠올려 보면 한 폭의 아름다운 그림이 연상된다. 일곱 가지를 살펴보면 어렵지 않은 것들이다. 하지만 막상 하려고 하면 타고난 성격, 살아온 환경 탓인지 선뜻 실천하기가 쉽지 않다. 돈 들이지 않고 남에게 베풀 수 있는 것인데도 말이다. 뭐든 습관들이기 나름이다.

눈 딱 감고 오늘부터 하나씩 실천해 보자. 사랑하는 가족, 직장 동료, 부하 직원에게 환한 낯빛으로 고운 말을 써보자. 속상해할 때

'힘들겠구나' 하고 손 한번 잡아줘 보자. 남의 짐을 들어주거나, 넘어진 사람이 일어나는 데 도와줘 보자. 버스나 지하철을 탔을 때 노약자, 임산부 등 몸이 불편한 사람에게 자리를 양보해 보자. 이 모든 게 세상을 환하게 밝히는 나눔이고 베풂이다.

나는 우연한 기회에 기부행렬에 동참하고 있다. 대상은 서울 마포구가 운영하는 '주민 참여 효도밥상'. 소액이지만 정기 후원을 하고 있다. 효도밥상은 마포구가 2023년 4월부터 마포구에 사는 만 75세 이상 홀로 어르신들을 대상으로 주 6회 점심 식사를 무상 지원하는 정책이다. 마포구에 있는 식당들이 장소를 내주고, 구청은 1인당 5,000원의 식비를 지원한다. 식자재와 쌀 등은 주민들의 기부로 조달하고 운영은 자원봉사자들이 힘을 보태는 주민 참여 사업이다. 500명의 효도밥상 대상자를 2024년부터 1,500명으로 확대할 방침이다.

이 제도가 시행되기 직전, 마포구청 관계자로부터 효도밥상의 취지를 들었다.

"혼자 사는 어르신들은 끼니를 거르기 십상이다. 또 외로움과도 싸워야 한다. 효도밥상은 이런 어르신들의 결식과 고독을 방지하기 위한 정책이다. 앞으로 건강과 심리상담 등 일상 관리까지 한 단순히 밥 한 끼를 무료 제공하는 것을 넘어 어르신들의 마음도 챙기는 값진 복지서비스라는 생각이 들었다. 곧바로 후원에 참여했다. 비록 적은 금액으로 후원하고 있지만 매달 통장에 '사회복지공동모금'이라는 이름이 적히며 돈이 빠져나갈 때 흐뭇한 미소를 짓게 된다. 웃으면 복이 오듯 베풀면 행복이 찾아온다. 평생 효도밥상에 동참할 생각이다.

친절 또한 베풂이다

허겁지겁 뛰어오는 발소리를 듣고 엘리베이터를 잡아 주는 초등학생, 쓰레기가 든 박스 두세 개를 가슴에 얹혀 낑낑대며 분리수거장을 가고 있는데 손수 내 박스 중 한 개를 옮겨 주는 이웃, 퇴근 시간엔 무척 고단할 텐데도 교통약자석을 비워 두는 젊은이들, 출입문을 밀고 들어가면서 뒷사람이 혹시나 다칠까 봐 잠깐 문을 잡아 주는 할아버지….

친절하고 배려심 깊은 이런 사람들을 만나면 하루가 즐겁고 행복하다. 친절 또한 베풂이다.

톨스토이는 "친절은 세상을 아름답게 한다. 모든 비난을 해결한다. 얽힌 것을 풀어헤치고, 곤란한 일을 수월하게 하고, 암담한 것을 즐거움으로 바꾼다"고 했다. 달라이 라마는 "나의 종교는 매우 간단하다. 나의 종교는 바로 친절이다"라고 했다.

베풂은 겉으로 드러나는 후원금의 크기로 측정되지 않는다. 후원금의 금액에 비례하는 게 아니다. 만원을 기부했다고 해서, 십만 원을 기부한 사람보다 베풂의 마음이 10분의 1밖에 되는 것은 아니다. 베풂은 마음이 가장 중요하고, 기부는 그 마음을 표현하는 방법 중 하나다. 일단 시작해 보자. '한 달에 커피 두세 잔만 줄여보자, 이 정도 금액은 기부할 수 있지'라고 생각하면 한결 가벼운 마음으로 첫발을 디딜 수 있다. 평생 후원자가 될 수도 있다.

아무리 돈이 많아도, 아무리 큰 권력을 가지고 있더라도, 아무리 명예가 높더라도 죽음과 함께 흔적도 없이 사라질 뿐이다. 베풂은 이런 죽음을 헛되게 하지 않는다. 자기에게 쏟은 것은 죽음과 함께 모두 없어지지만 다른 사람을 위해 한 일은 영원히 빛을 발한다. 누구나 죽는다. 나이 들어 죽음을 걱정하기 보다 잊히는 것을 두려워하자.

'무주상보시(無住相布施).'《금강경》에 나오는 말이다. 자신이 베푼다는 것을 의식하지 못한 채 온전히 베푸는 것이다. "내가 누구를 위하여 무엇을 베풀었다"는 자만심이 없는 베풂의 최고 단계다. 이 왕이면 무주상보시를 마음에 새기고 실천해 보자.

인간관계의 출발이자
행복의 원천인 배려

2023년 9월 30일 중국 항저우 궁수 캐널 스포츠파크 체육관.

항저우 아시안게임 탁구 혼합복식 시상식대에 장우진-전지희 조가 올랐다. 전지희의 목에 메달이 걸렸고 이어 꽃다발이 전달되는 순간, 장우진은 전지희의 옷깃이 목에 걸린 메달에 접힌 것을 보고 손을 뻗어 정리해 줬다. 이 모습은 전광판에 고스란히 잡혔고, 현장에 있던 중국 관중들 사이에서 함성이 터져 나왔다. 뜻밖의 환호에 영문을 모르고 어리둥절해 하던 장우진은 뒤늦게 상황을 알아채고 쑥스러운 듯 고개를 숙이며 웃었다.

전지희도 손으로 입을 가렸지만, 터진 웃음보를 주체하지 못했다. 중국 누리꾼들은 영상을 공유하며 "달콤한 K-드라마의 한 장면 같다", "마음이 따뜻해진다" 등의 뜨거운 반응을 보였다. 장우진의 작은 배려, 친절은 경기장뿐 아니라 소셜미디어에서 아시안게임 최고의 화제가 됐다.

배려는 인간관계의 출발이자 행복의 원천이다. 배려하는 마음이 기본이 된다면 가정, 직장, 사회에서 인간관계는 따뜻하게 형성된다. 배려하고 배려받을 때 나도 남도 모두 행복하고, 사랑의 마음을 나눌 수 있다.

배려의 사전적 의미는 '도와주거나 보살펴 주려고 마음을 쓰는 것'이다. 배려는 한자로 짝 배(配), 생각할 려(慮) 자로 짝처럼 마음으로 다른 사람을 생각한다는 뜻이 있다. 이처럼 배려는 마음으로 하는 것이다. 칭찬받기 위해 남을 도왔다면 그건 배려가 아니다. 관심을 두고 남을 위해 신경 써주는 것이 진정한 배려다. 장우진은 칭찬받기 위해서가 아니라 '짝'인 전지희를 마음으로 신경 써준 결과, 관중들과 네티즌들로부터 뜨거운 환호를 받았다.

탁구 복식 경기는 파트너에 대한 배려와 믿음이 없으면 좋은 성적을 내기 힘들다. 내가 친 볼을 상대방이 받아넘기면 그 볼을 내가 처리하는 단식과 달리, 내가 친 볼이 상대편의 리시브를 거쳐 넘어오면 그 볼을 내 파트너가 처리해야 하기 때문이다. 파트너를 믿고, 배려해 파트너의 장기가 발휘될 수 있도록 기회를 만들어 주는 게 중요하다. 장우진과 전지희는 이처럼 내 파트너를 배려해야 더 좋은 경기를 보여줄 수 있는 복식 경기의 특성을 너무나 잘 알고 있기에 시상대에서도 그런 배려의 몸짓이 자연스레 나왔던 건 아닐까.

같이 사는 세상에서 꼭 필요한 배려

배려는 사람(人=인)이 둘(二)이라는 '인(仁)'과 맞닿아 있다. 공자 사상의 핵심인 인은 둘 이상이 같이 살아갈 때 다른 사람을 사랑하고 배려하는 마음을 의미한다. 공자의 가르침을 묶은 《논어》에는 내가 좋아하는 글귀가 있다.

'기소불욕(己所不欲), 물시어인(勿施於人)'

자신이 원하지 않는 일이나 당해서 싫은 일을 누군가 대신 해주기를 바라지도 말고, 다른 사람에게 강요하지도 말라는 뜻이다. 이 말은 《논어》〈위령공편(衛靈公篇)〉에서 유래한다. 위나라의 유학자이자 공자의 수제자인 자공이 공자에게 물었다. "제가 평생 실천할 수 있는 한마디의 말이라면 어떤 것이 있습니까?" 공자는 "서(恕), 그 한마디일 것이다(其恕乎). 내가 원하지 않는 것은 남에게도 베풀지 말라(己所不欲, 勿施於人)"라고 했다. 서는 '용서할 서'로, 같을 여

(如)에 마음 심(心)이 붙어있는 한자다. 남과 나의 마음이 같다는 것을 생각하면서, 다른 사람의 입장을 헤아려 존중해 줘야 한다는 가르침이다. 이는 다른 사람을 도와주거나 보살펴 주려고 마음을 쓰는 배려와 일맥상통한다.

배려하는 어른이 되는 길은 멀리 있지 않다

나는 자식들에게 공부하라고 힘주어 말하지 않았다. 대신 타인에 대한 배려와 예절은 어지간히 강조했다.

지하철이나 버스 등 대중교통이나 엘리베이터를 이용할 때 반드시 이미 탄 사람이 먼저 내린 뒤 승차하라고 타일렀다. 평소 지하철을 이용할 때 먼저 탄 승객이 내리지도 않았는데 서로 먼저 타려고 아우성치는 모습에 불편한 적이 한두 번이 아니었기 때문이다. 다른 사람에게 불편을 주니, 대중교통 안에서 대화할 때는 작은 목소리로 말하라고 했다. 공간이 작은 엘리베이터 안에서는 더 신경 써야 한다고 목소리를 높이면서.

아이들에게 어릴 적부터 이런 잔소리를 많이 해서인지 이제 20대 중후반이 된 아들, 딸은 남을 배려할 줄 아는 예절 바른 청년으로 성장했다.

타인에 대한 배려는 노년기에 더 필요하다. 노년기에는 연륜을 근거로 자신의 생각을 우선시하고 다른 사람의 입장을 이해하지 못하는 '자기중심성'이 높아지기 때문이다.

처음엔 조금 힘들더라도 배려받기보다 배려하는 시니어. 지하철에서 젊은이에게 자리를 양보받아도 점잖게 사양하는 어머니. 주위에 나보다 더 힘든 임산부나 노약자가 있으면 그런 이들에게 자리를 선뜻 내주는 아버지가 되어보자.

나이 들었다고 빈자리를 보면 주변 시선을 아랑곳하지 않고 내 전용석인 양 털썩 앉는다거나, 자리 양보를 받을 요량으로 앉아 있는 젊은 사람 앞에 서서 무언의 압박을 넣는 속 보이는 행동을 하지 말고.

점점 멀어져가는 젊은이들과의 거리를 시나브로 좁히며, '배려하는 어른'이 되는 길은 멀리 있지 않다. 일상 속 곳곳에 있다.

인생의 꽃도
저마다 피는 시기가 다르다

꽃들은 저마다 피는 시기가 다르다. 벚꽃·개나리·목련은 봄철에 만개하고, 장미·백합·해바라기는 태양이 이글거리는 여름에 핀다. 서정주 시인이 '거울 앞에 선 내 누님같이 생긴 꽃'이라고 노래한 국화는 가을에 핀다. 매서운 추위가 몰아치는 한겨울에 피는 꽃도 있다. 사군자인 '매란국죽(梅蘭菊竹)'의 맨 앞자리를 차지하며 선비의 곧은 절개를 뜻하는 매화가 그렇다.

모든 꽃이 한꺼번에 피었다가 한꺼번에 저버린다면 어떻게 될까? 세상은 삭막하기 그지없을 것이다. 하지만 꽃들은 이렇듯 각자의 시간에 맞춰 자신을 화려하게 뽐낸다. 자신이 빛나는 때를 기다렸다가 아름답게 피어난다.

70대 중반에 세계에서 주목하는 배우가 된 윤여정

영화 〈미나리〉로 한국 영화 102년 사상 처음으로 아카데미 여우조연상을 거머쥔 윤여정. 그는 '대기만성형' 배우라는 수식어로도 부족할 만큼 때를 기다렸다가 활짝 핀 '꽃 중의 꽃'이다. 2021년 세계 최고 권위의 영화상인 아카데미 시상식 무대에서 수상 소감을 말할 당시 윤여정의 나이는 무려 74세였다. 1966년에 연기 인생을 시작한 지 55년 만이다. 윤여정은 애초 TV에서 활약하다 스크린으로 무대를 옮겨 제8회 청룡영화상 여우주연상, 제10회 대종상 신인여우상을 받으면서 화려한 조명을 받기도 했다.

그런 그의 배우 인생이 순탄했던 것만은 아니다. 최고의 인기를 구가하던 1974년 27세 나이로 가수 조영남과 결혼하며 배우 생활을 쉬고 미국으로 건너가 두 아들을 뒀다. 이후 1987년 결혼 13년 만에 조영남과 이혼한 뒤 두 아들을 양육하기 위해 연예계에 복귀했다. 그가 귀국했던 당시는 이혼녀에 대한 시선이 곱지 않던 때였다. "이혼녀는 TV에 나와선 안 된다"며 손가락질 받던 시절이었다. 하지만 윤여정은 아이들을 위해 단역도, 보조출연도 마다하지 않고 꿋꿋하게 다시 시작했다. 연기를 더 갈고 닦으며 이를 악물고 버틴 끝에 오늘날 한국을 대표하는 세계적인 배우가 됐다.

윤여정을 꽃에 비유하면 혹독한 추위를 견디며 한겨울에 피는 매화라 할 만하다. 겨울에 피어야 할 꽃인데 한참 이른 봄에 활짝 피었다면 그는 어찌 되었을까. '소년급제'해 초년에 성공한 인생이 정작 삶에서 가장 중요한 시기인 말년에 평탄하지 못한 경우가 있는 것처럼 너무 일찍 꽃피웠다가 너무 일찍 시들었을지도 모른다.

"사람은 저마다 꽃피는 시기가 다르다. 그 누구에게도 의지하지 말아라. 오직 스스로를 등불로 삼고 의지하라. 진리에 이르는 길에서 범할 수 있는 실수는 두 가지뿐이다. 끝까지 가지 않는 것, 그리고 시작조차 하지 않는 것. 우리의 삶은 우리의 마음에 의해 형성된다. 우리 삶을 다른 사람과 비교하지 말아야 한다. 사람들은 저마다 꽃피는 시기가 다르다. 때가 되면 모두가 빛나게 되어 있다. 다른 사람의 시간을 바라보며 자신을 낮추지 말고 당신만의 길을 끝까지 가는 것이 중요하다."

석가모니의 말씀처럼 윤여정은 다른 사람과 자신을 비교하지 않고 자신만의 길을 끝까지 갔다. 빛나게 되어 있는 '그때'를 묵묵히 기다리며 매진한 결과, 70대 중반이라는 나이에 연기 인생의 정점을 찍었다.

다른 사람과 비교하지 말자

50대를 지나서 60대가 되었는데도 아직 성공하지 못했다며 한탄만 하고 있는가? 억대 연봉을 받는 기업체 사장, 인사 때마다 승진을 놓치지 않는 잘나가는 고위 공무원, 고급 외제 차를 몰며 강남에 수십억 원을 호가하는 아파트를 갖고 있는 주변 사람들과 비교하며 인생을 탓하고 있는가? '백세 철학자'로 널리 알려진 김형석 연세대 명예교수는 저서《백년을 살아보니》에서 이렇게 말한다.

> "정신적 성장과 인간적 성숙은 한계가 없다. 노력만 한다면 75세까지는 가능하다고 생각한다. 내가 1961년에 처음 미국에 갔을 때 가장 부러웠던 것은 '인생은 60부터'라는 말이었다. 지금 우리 사회는 너무 일찍 성장을 포기하는 젊은 늙은이들이 많다. 아무리 40대라고 해도 공부하지 않고 일을 포기하면 녹스는 기계와 같아서 노쇠하게 된다. 차라리 60이 되어서도 진지하게 공부하며 일하는 사람은 성장을 멈추지 않는다."

김 교수의 말대로라면 아직 50대에겐 인생을 화려하게 살 수 있는 시기가 기다리고 있다. '절차탁마(切磋琢磨) 대기만성(大器晚成)'이라는 말이 있다. 큰 그릇이 만들어지기 위해서는 옥을 끊고, 깎고,

쪼고, 갈아내는 힘든 과정을 거쳐야 한다는 경구다. 열심히 노력하고 목표를 향해서 쉬지 않고 달려가다 보면 누구든 큰 인물이 될 것이라는 뜻으로 쓰이곤 한다. 자신이 빛나는 그때를 위해 하루하루 최선을 다하면서 묵묵히 자기 길을 걸어가 보자. 여기서 특히 중요한 건 남과 비교하지 않는 것이다.

석가모니는 "다른 사람과 나를 비교하지 마라. 태양과 달을 비교할 수 없듯이 사람들은 모두 각자의 시간에 빛난다"라고 설파했다, 마이크로소프트 창업자인 빌 게이츠는 "자신을 타인과 비교하지 마라. 그것은 자기 자신을 모욕하는 일이다"라고 했고, 세계적인 비즈니스 컨설턴트인 브라이언 트레이시는 "탁월한 인물의 특성 중 하나는 결코 자신을 다른 사람과 비교하지 않는다는 것이다. 그들은 자신을 자기 자신, 즉 자신이 과거에 이룬 성취와 미래의 가능성 하고만 비교한다"라고 했다

꽃들이 각자의 시간에 맞춰 자신을 화려하게 뽐내듯 인생의 꽃도 저마다 피는 시기가 다르다. 다른 사람과 비교하지 말자. 비교하면서 불행은 시작된다.

'때문에'는 원망을 만들지만
'덕분에'는 감사를 낳는다

"원 달러! 원 달러! 천 원! 천 원!"

이제 고인이 된 세계적인 패션디자이너 앙드레 김이 유네스코 지정 세계문화유산인 캄보디아 앙코르와트에서 2006년 세계 최초로 패션쇼를 열었을 때다.

나를 포함한 취재진과 패션쇼 관계자들을 태운 버스가 행사장에 도착한 순간, 버스 창문 너머에서 들려온 건 바로 "원 달러!", "천 원!"을 연발하는 10세 전후 아이들의 외침이었다. 아이들은 남루한 옷차림에 1주일 동안 세수도 안 한 듯한 얼굴로 행사 기간 내내 버스에서 내릴 때마다 우리를 졸졸 쫓아다니며 손을 내밀었다. 알고 보니 당시 캄보디아 관광지에선 이런 일이 일상처럼 벌어지고 있었다.

참 안쓰러웠다. 20년이 다 된 일이지만 아직도 그때 아이들의 애절한 모습이 생생하게 떠오른다. 처음 이런 상황을 마주한 나는 대한민국 국민인 것이 얼마나 감사하고, 다행스러웠는지 모른다. 천 원에 목메는 일이 없어서 감사했고, 이런 일이 없는 한국이 자랑스러웠다.

범사에 감사하라

나는 교회에 다니지는 않지만 일이 잘 풀리지 않거나 우울감이 들 땐 '범사에 감사하라'는 성경 말씀을 떠올린다. 기독교 신자가 아닌 사람들에게도 잘 알려진 이 말씀은 주어진 상황과 환경에 좌우되지 말고 모든 일에 감사하라는 뜻이다. 감사할 줄 알아야 행복이 찾아오고 기쁨이 넘쳐나니.

"오늘도 거뜬하게 잠자리에서 일어날 수 있어서 감사합니다. 유난히 눈부시고 파란 하늘을 보게 해주셔서 감사합니다. 점심때 맛있는 스파게티를 먹게 해주셔서 감사합니다. 얄미운 짓을 한 동료에게 화내지 않았던 저의 참을성에 감사합니다. 좋은 책을 읽었는데 그 책을 써준 작가에게 감사합니다."

123

'토크쇼의 여왕' 오프라 윈프리가 자신의 성공 비결로 꼽은 감사 일기에 적은 것들이다. 윈프리는 "감사하는 것이야말로 당신의 일상을 바꿀 수 있는 가장 빠르고 쉬우며 강력한 방법이다"라며 "감사할 만한 것을 도저히 떠올릴 수 없을 때는 지금 숨 쉬고 있다는 것에 감사하면 된다"라고 했다.

감사하는 마음은 정신과 육체 건강의 원동력

감사하는 마음을 가지면 일어나는 긍정적인 변화를 확인한 많은 연구도 있다. 여러 연구 결과에 따르면 감사할 때 뇌의 측두엽 중 사회적 관계 형성에 관련된 부분과 즐거움과 관련된 중추가 작용해서 도파민, 세로토닌, 엔돌핀과 같은 행복 호르몬이 분비한다. 이들 행복 호르몬의 영향으로 심장박동과 혈압이 안정되고 면역기능이 향상된다. 또한 불면증과 만성 통증도 완화하면서 심장병, 암과 같은 성인병의 위험을 줄여준다.

감사하는 마음은 인간관계를 강화하기도 한다. 파트너가 한 작은 일에 대해서도 감사를 표시하면 둘 간의 관계가 한층 돈독해지는 것으로 나타났다. 감사하는 마음은 정신과 육체의 건강을 모두 향상하는 든든한 원동력이다.

'때문에' 대신 '덕분에'!

감사하는 마음은 단어 하나를 바꾸기만 해도 생긴다. '때문에' 대신 '덕분에'로 말을 바꾸면 전혀 다른 결과가 나타난다.

평소 "집과 회사의 거리가 멀기 때문에 지하철을 너무 오래 타 출퇴근이 힘들다"라고 했다면 "집과 회사의 거리가 먼 덕분에 출퇴근 시간을 이용해서 책을 읽고 글을 쓸 수 있다"로 바꿔보자. 또 "지하철을 오래 타야 하기 때문에 다리가 너무 아프다"라고 했다면 "지하철을 오래 탄 덕분에 종아리와 허벅지 근육을 키울 수 있다"로 바꿔보자.

'때문에' 대신 '덕분에'로 단어 하나를 바꿨을 뿐인데, 지하철을 너무 오래 타 짜증만 났던 기억은 사라진다. 대신 시간을 알차게 활용하게 되는 자신을 발견하게 된다. 출근할 땐 짧은 글을 쓰고, 퇴근할 땐 전자책을 읽으며 종아리 근육을 키운다. '때문에'는 원망을 만들지만 '덕분에'는 감사를 낳는다.

가족, 물, 공기, 나무…. 사람들은 주변에 항상 있는 존재들에 대해서 감사함보다는 당연하게 느낀다. 하지만 항상 당연한 게 있을까?

아버지는 가족의 생계를 책임지는 존재다. 아침에 출근해서 늦은 시간까지 일하다 지친 몸으로 집으로 돌아온다. 아버지가 회사에 출근해 돈을 벌어오는 것은 당연한 일일까? 어느 날 아버지가 사라지는 순간, 그때 서야 감사하고 소중한 아버지의 존재를 새삼 깨닫게 된다.

우리가 매일 마시는 물도 마찬가지다. 집이든 식당이든 회사든 물은 항상 주변에 존재한다. 물이 항상 우리 곁에 있으며 우리의 생명을 살리는 것은 당연한 일일까? 극심한 가뭄이나 천재지변이 일어나서 씻을 수 있는 물은커녕 마실 물도 없게 되는 순간, 그때 서야 감사하고 소중한 물의 존재를 새삼 깨닫게 된다.

미국의 전설적인 투자가 존 템플턴은 "감사하는 마음을 가지면 부가 생기고 불평하는 마음을 가지면 가난이 온다. 감사하는 마음은 행복으로 가는 문을 열어준다. 감사하는 마음은 우리를 신과 함께 있도록 해준다. 늘 모든 일에 감사하게 되면 우리의 근심도 풀린다"라고 했다. 독일의 위대한 문학가 괴테는 "세상에서 가장 쓸모없는 인간은 감사할 줄 모르는 인간이다"라고 했고, 아일랜드의 저명한 극작가 오스카 와일드는 "감사는 우리를 행복하게 만들 수 있는 가장 간단한 습관이다"라고 했다.

평상시 아무 말 없이 제 역할을 다하는 가족, 물, 공기, 나무 등 항상 우리 곁에 있는 존재에 대해 감사하는 마음을 가져보자. 사소한 것에 감사하고, 별것 아닌 것에도 고마운 마음을 표현해 보자. 감사할 만한 것을 도저히 떠올릴 수 없을 때는 윈프리가 말한 대로 지금 숨 쉬고 있다는 것에 감사해 보자. 감사할 줄 알아야 행복의 문이 열리고 기쁨이 넘치고 부가 생기고 근심도 풀린다.

'영원한 따거' 주윤발이 일깨워 준 행복의 원천

트렌치코트, 선글라스, 성냥개비, 쌍권총, 따거….

영화를 좋아하는 5060세대라면 열거한 이 단어들과 연관된 배우가 누군지 번뜩 떠오를 것이다. 트렌치코트 복장에 선글라스를 끼고 성냥개비를 입에 문 채 쌍권총을 든 낭만적인 갱스터 '따거(大哥‧형)'.

바로 1980년대 폭발적인 인기를 끌었던 〈영웅본색〉의 주인공 주윤발(周潤發)이다. 그때 그 시절, 우리가 발음하던 대로 "윤발이 형님"이라 불러야지 외국어 표기 준칙에 따라 이제 와서 중국어 발음인 저우룬파로 부르면 왠지 맛이 나지 않는 영원한 따거다. 영웅본색이 전국을 강타하면서 당시 트렌치코트와 선글라스, 성냥개비는 남성들의 필수품이었을 정도였다. 영화의 인기에 힘입어 주윤발은

광고에 출연, "사랑해요! 밀키스"를 외치며 또 한 번 따거 붐을 일으키기도 했다.

그저 하루 밥 두 끼면 충분

'홍콩 누아르'의 대표 배우로 여태껏 100여 편의 작품에 출연한 주윤발의 활약은 영화에서만 두드러진 게 아니다. 지난 2018년 8,100억 원에 달하는 전 재산을 사후 기부하겠다고 밝혀 팬들을 깜짝 놀라게 한 바 있다. 당시 그는 언론 인터뷰에서 이런 말을 남겼다.

> "돈은 내 것이 아니라 잠시 보관하고 있는 것이다. 돈은 행복의 원천이 아니고 내 꿈은 행복하고 정상적인 사람이다. 삶에서 가장 어려운 건 돈을 많이 버는 게 아니라 평온한 마음으로 걱정 없이 여생을 지내는 것이다."

돈이 아니라 '마음의 평온'이 행복의 원천이라니!

주윤발은 2023년 10월 한국을 14년 만에 다시 찾았다. 제28회 부산국제영화제 개막식에서 '올해의 아시아영화인상'을 받기 위해서였다. 영화제 최고 스타로 화제의 중심에 선 주윤발은 기자들이 5

년 전 기부 선언을 상기하며 질문을 하자 이렇게 답했다.

"기부도 아내가 한 것이다. 사실 난 하고 싶지 않았다. 힘들게 번 돈 아닌가(웃음). 사실 이 세상에 제가 아무것도 가져온 게 없기에 아무것도 안 가지고 가도 상관없다. 흰 쌀밥 두 그릇이면 된다. 제가 하루에 두 끼를 먹기 때문이다. 지금 당뇨가 있어서 한 그릇 먹을 때도 있다."

모든 공을 아내에게 돌리고, 68세라는 나이가 믿기지 않을 동안 외모로 환하게 웃는 주윤발의 모습은 기자회견장의 분위기를 더욱 훈훈하게 만들었다.

아내 사랑이 가정 행복의 원천

두 차례 기자회견에서 한 말을 보면 주윤발의 행복 기준은 '마음의 평온' 그리고 '가정'이다. 8,100억 원은 세상 누구나 인정하는 천문학적인 돈이지만 그가 간절히 얻고자 하는 마음의 평온과는 차원이 다른 그저 큰돈일 뿐이다. 그에게 인생은 빈손으로 왔다가 빈손으로 가는 공수래공수거라서 그 많은 돈은 큰 의미가 없다. 그저 하루 밥 두 끼면 충분한 것이다.

주윤발은 실제 2020년 자신의 기부를 다룬 국내 한 지상파 방송에 출연, 행복의 조건에 대해 "매일 세끼 밥을 먹고, 잘 수 있는 작은 침대 하나만 있으면 된다고 생각한다"고 말했다. 또 "어차피 그 돈은 제가 잠깐 가지고 있었던 것뿐이다. 지금 당장 은행에 그 돈을 맡긴다고 해도 죽고 나면 소용이 없다"고 했다.

기부의 모든 공을 아내에게 돌린 것에서 볼 수 있듯이 주윤발은 홍콩 연예계에서 소문난 애처가이기도 하다. 아내의 생일 때는 친구들을 초대해 축하 파티를 여는 등 아내를 살뜰하게 챙기는 모습은 주변의 부러움을 한껏 산다. 부부간 사랑은 가정의 평화와 직결된다. 부부가 서로 아끼고 사랑하는 모습을 보고 자란 아이는 세상 그 어디에서도 찾을 수 없는 마음의 평안과 행복을 느끼게 된다. 주윤발의 아내 사랑은 가정이 행복의 원천임을 몸소 보여준다.

"왕이든 백성이든 자기의 가정에서 평화를 발견하는 사람이 가장 행복한 사람이다."

독일의 위대한 문학가 괴테의 말이다.

아무리 높은 지위에 오르고, 아무리 큰 재산을 손에 넣었다고 해도 가정에서 사랑을 얻지 못하면 행복하다고 할 수 없다. 지위나 재산이 진심에서 우러나오는 사랑을 대체할 수 없기 때문이다. '투자의 달인' 워런 버핏은 성공의 정의를 내려 달라는 대학생들에게 "성공이란 사랑받고 싶었던 사람들에게 사랑을 받는 것"이라고 대답한다. 버핏의 성공기준에 따르면 아무리 돈을 많이 벌어도 가족의 사랑을 받지 못한다면 그는 절대 성공한 사람이 아니다.

자기가 사랑하는 사람과 자기를 사랑해 주는 식구들이 어우러져 사는 게 가정이다. 가족으로부터 사랑과 존경을 듬뿍 받는 것만큼 행복한 일은 없다. 가정에서 성공한 사람이 진정으로 성공한 사람이다.

가정은 온종일 전쟁터 같은 직장에서 시달리다 돌아온 가장에게 위안과 새로운 힘을 주는 안식처이기도 하다. 스위스의 사상가이자 교육자인 페스탈로치는 "가정의 단란이 지상에서 가장 빛나는 기쁨이다. 그리고 자녀를 보는 즐거움은 사람의 가장 성스러운 즐거움이다"라고 했다.

배우자와 자식에게 사랑과 존경을 듬뿍 받고 있는가? 배우자를 살뜰하게 아껴주고 있는가? 직장, 일터에서 지친 마음을 가정에서 위안받고 있는가? 그렇다면 괴테의 말대로 세상에서 가장 행복한 사람이다.

휴식은 성취를 위한 디딤돌

"유레카!"

무언가 큰 발견을 했을 때 이렇게 외친다. 유레카는 그리스어로 "알아냈다!"라는 뜻이다. 이 말은 고대 그리스의 수학자였던 아르키 메데스에서 유래한다. 아르키메데스는 헤론 왕으로부터 자신의 황금 왕관이 정말 순금으로 만들어졌는지 조사해달라는 부탁을 받는다. 당시 과학자로도 명성을 떨쳤던 아르키메데스였지만 왕관에 불순물이 섞여 있는지 판별하기란 쉬운 일이 아니었다.

어느 날 목욕탕에 갔다. 탕 안에 몸을 넣자, 물이 탕 밖으로 넘쳤다. 이를 본 그는 순간적인 깨달음을 얻었다. 물체의 밀도에 따라 물이 넘친다는 사실에 눈뜨게 된 것이다. 우연히 부력의 원리를 발견하곤 너무 기쁜 나머지 옷도 입지 않은 채 "유레카"라고 소리치며 뛰쳐나갔다.

아르키메데스는 왕관과 똑같은 무게의 금을 준비한 다음 각각을 물에 담가서 넘치는 물의 양을 비교했다. 실험 결과 왕관을 넣었을 때 더 많은 양의 물이 넘쳐흘렀다. 이렇게 해서 그는 왕관에 순금이 아닌 불순물이 섞여 있다는 사실을 밝혀냈다. 이후 중요한 발견의 순간에 "유레카"라고 외치게 됐다.

아르키메데스의 일화에서 주목할 게 있다. 바로 '휴식'이다. 고민에 고민을 거듭하며 왕관의 순금 여부를 밝히려 했지만 뚜렷한 방법을 찾을 수 없었다. 그러던 그가 찾은 곳은 휴식의 공간인 목욕탕. 탕 안에 몸을 담그며 잠시 쉬고자 했다. 그 쉼의 순간, 생각지도 못한 유레카가 찾아왔다. 휴식이 유레카를 부른 것이다.

머리를 쥐어짤 때보다 멍하니 있을 때!

책상 앞에서 머리를 쥐어짤 때보다 두 눈을 지그시 감고 팔짱을 낀 채 멍하니 있으면, 문득 좋은 아이디어가 떠오르는 때가 있다. 누구나 경험해 봤을 이런 휴식의 효과는 이미 과학적 연구를 통해 확인됐다.

뇌과학자인 마커스 라이클 워싱턴대 의대 교수가 2001년 발표한 논문에서 '디폴트 모드 네트워크(Default Mode Network)'라고 명명한 뇌의 영역이 있다. 아무런 생각을 하지 않고 휴식을 취할 때 평소보다 활성화되는 뇌의 특정 부위다. 마치 컴퓨터를 리셋하게 되면 초기 설정(default)으로 돌아가는 것처럼 멍하게 있을 때 활성화된다.

매년 한강에서는 '멍때리기 대회'가 열린다. 아무것도 하지 않은 것이 무가치하다는 통념을 깨자는 취지로 마련된 행사다. 2014년 장난처럼 시작된 이 대회는 2024년 벌써 10주년을 맞았다. 90분 동안 어떤 말과 행동도 하지 않고 '멍한' 상태를 잘 유지하면 승자가 된다. '나 혼자'만 멍을 때린다는 생각에 불안감을 느껴서일까. 한날한시에 다 함께 멍때리는 대회는 해마다 열기를 더한다. 2024년, 참가자로 총 80팀을 선발하는 대회에 무려 2786팀이 지원했다. 참가 단계부터 35대 1의 치열한 경쟁률을 기록했다.

'불멍'도 있다. 불멍은 장작불을 보며 멍하게 있는 것을 뜻한다. 2016년 캠핑족들 사이에서 언급되던 불멍은 캠핑족에 차박족도 가세하면서 유행을 타기 시작했다. 이제 멍의 대상은 더 다양해졌다. 물, 달을 멍하게 바라보는 '물멍', '달멍'도 멍때리기에 가세했다. 멍때리기나 휴식, 명상, 마음 챙김과 같은 활동을 하면 디폴트 모드 네트워크가 활성화된다. 스트레스와 불안을 줄이는 데 도움이 되며 창의력과 문제 해결 능력을 향상하는 데도 효과가 있다.

번아웃과 수면 부족에 시달리는 우리의 현실

하지만 우리의 현실은 어떤가? 장시간 노동과 부족한 수면 시간에 시달리고 있다. 행복 수준 역시 경제협력개발기구(OECD) 회원국 중 최하위 수준이다.

한국인의 노동시간은 OECD 국가에서 압도적 1위다. 한국은 '과로 사회'인 것이다. 한국보건사회연구원의 학술지 《보건사회연구》에 실린 '일-생활 균형시간 보장의 유형화' 연구논문에 따르면 OECD 31개국의 2021년 기준 연간 근로 시간 평균은 1,601시간으로 나타났다. 근로 시간이 가장 긴 나라는 한국으로 1,915시간에 달했다. 그리스(1,872시간)와 폴란드(1,830시간)가 그 뒤를 이었다. 근로 시간이 가장 낮은 독일(1,349시간)에 비하면 한국의 근로 시간은 연간 50%가량 더 많다. 한국 사회가 번아웃 증후군(Burnout syndrome)에 취약할 수밖에 없는 이유다.

일에 몰두하던 사람이 극도의 피로감으로 인해 무기력해지는 증상을 일컫는 번아웃 증후군은 긴 노동 시간에 비해 짧은 휴식 시간,

강도 높은 노동 등으로 인해 발생할 수 있다. 불타서 없어진다(burn out)고 해서 붙은 이름인 번아웃 신드롬에 빠지면 신체적, 정서적으로 극도의 피로감과 의욕 상실, 무기력증 등에 시달린다. 심할 경우 우울증 등에 빠지며 업무 등의 일상생활조차 이어나갈 수 없다.

수면 부족도 심각하다. 영국《이코노미스트》 보도에 따르면 한국인들의 수면 시간은 평균 6.3시간이다. 조사 대상 35개 중 34위로 사실상 최하위 수준이다. 한국보다 적은 수면 시간을 가진 나라는 일본(6.1시간)뿐이었다. 싱가포르 국립대와 핀란드 수면기술 스타트업인 오우라헬스 연구원들이 2021년 1월~2022년 1월 사이 35개국 22만 명의 수면 습관을 측정한 웨어러블 기기 데이터를 조사한 결과다.

행복을 기준으로 평가한 한국의 모습도 어둡긴 마찬가지다. 유엔이 발간하는 〈세계행복보고서 2023(World Happiness Report 2023)〉에서 우리나라 행복 수준은 세계 57위를 기록했다. 2013년 41위에서 16단계나 추락한 결과다. 평가점수는 2013년 6.27에서 2023년 5.94로 떨어져 OECD 회원국 중 최하위 수준에 머물러 있다.

성공하려면 제때 쉬어라

"쉴 틈 없이 달려도 성공하기 힘든 마당에 휴식이라니…"

휴식은 가치 없고 비생산적인 활동으로 치부되고 있다. 이에 대해 독일의 저널리스트이자 과학자인 울리히 슈나벨은 저서《행복의 중심 휴식》에서 이렇게 반박한다.

"바쁘게만 몰아붙이는 사회에서 휴식은 종종 잃어버린 시간으로 여겨지기 일쑤다. 그러나 사실은 그 정반대다. 늘 똑같이 되풀이 되는 일상을 잠시 거리를 두고 떨어져서 바라본다는 것은 우리의 생존을 보장해 주는 필수 덕목이다."

그는 "속도와 성과만을 강조하는 문화 속에서 사람들은 속병을 앓고 있다. 휴식할 시간이 없다는 것은 생각할 시간이 없다는 것이다. 과도한 근무시간은 창의성과 효율성을 키우기는커녕 오히려 가로막는다. 피곤함에 전 두뇌가 무슨 창의적인 생각을 길어 올리겠는가"라고 반문하며 "때로 아무것도 하지 않는 휴식은 책상 앞에 앉아 있을 때보다 훨씬 창의적이고 독창적인 아이디어를 만들어 낸다"고 힘주어 말한다. 책이 한국에 소개된 지 10여 년이 됐지만 저자의 주장은 여전히 설득력 있게 들린다.

휴식을 통해 위대한 업적을 남긴 위인은 아르키메데스뿐이 아니다. 우리가 너무나 잘 아는 뉴턴도 사과나무 아래에서 멍을 때리며 쉬다가 사과가 떨어지는 것을 보고 만유인력의 법칙을 발견했다. 열심히 일한 당신에게 휴식은 빈둥거림이 아니다. 휴식은 시간을 낭비하는 것이 아니라 자신에게 투자하는 것이다. 휴식은 게으름이 아니라 자기를 관리하는 것이다. 휴식은 성취를 위한 디딤돌이다.

건강하게 노년을 사는 비법

3부

몸이
우선이다

건강한 노인이
병든 청춘보다 더 행복하다

'건강한 거지가 병든 왕자보다 더 행복하다.'

철학자 쇼펜하우어가 건강의 중요성을 강조한 말이다. 그는 염세주의 철학의 대표로 인식되고 있지만 행복한 삶을 위한 지혜를 발견하고, 건강의 소중함을 설파한 철학자이기도 하다. 건강에 관해 이런 말도 남겼다.

"행복은 건강이라는 나무에서 피어나는 꽃이다. 건강한 몸과 마음을 유지하기 위해 스스로를 단련하라. 분노와 격정과 같은 격렬한 감정의 혼란을 피하고 정신적인 긴장이 계속되지 않도록 주의해야 한다. 날마다 규칙적인 운동을 하고 섭취하는 음식물에 대한 조절이 필요하다. 건강하면 모든 것이 기쁨의 원천이 된다. 재산이 아무리 많더라도 건강하지 않으면 즐길 수 있는 마음의 여유를 가질 수 없다."

늦기 전에 건강 관리를 시작하라

사실 건강의 중요성을 모르는 사람은 없을 것이다. 하지만 평소에 공기, 바람, 물, 햇빛처럼 소중함을 인식하지 못하고 영원히 성할 것처럼 몸을 돌보지 않기 십상이다. 병에 걸려서야 건강의 소중함을 뼈저리게 알게 된다. 중년을 넘어 노년으로 가는 여정에서 건강은 특히 소중하다.

나는 30대까진 건강에 주의를 기울이지 않았다. 젊어서도 그랬고 특별한 질환이 없어서도 그랬다. 그러다 30대 후반 아버지가 돌아가신 뒤 건강에 각별히 신경 쓰기 시작했다. 선친은 대장암으로 3년여간 고생하시다 25년 전 60대 후반 무렵 하늘나라로 가셨다. 당시 나는 아버지가 정기 건강검진만 받았더라면 그렇게 큰 병에 걸리지 않았을 것으로 생각했다. 지금도 이런 회한은 가슴에 한처럼 응어리져 있다. 이후 난 정기 검진이 건강을 지키기 위한 최선의 예방책이라고 생각하며 매년 종합검진을 받고 있다.

특히 가족력을 고려해 대장내시경 검사는 2년마다 지금까지 한

번도 거르지 않고 20여 년간 하고 있다. 회사에서 의무적으로 1년에 한 번 종합검진을 받는 것은 물론, 종합검진을 받은 뒤 6개월 후에도 콜레스테롤, 당뇨, 간·신장 기능 등 필요한 검사를 받으러 집 근처 병원으로 향한다. 현재 살고 있는 집으로 이사 온 뒤 20년 가까이 줄곧 이용하고 있는 병원이라 내 주치의 선생님은 나의 병력이나 몸 상태를 소상히 알고 있다. 한때 200mg/dL 이하가 정상인 총콜레스테롤 수치가 250mg/dL을 넘었고, 200mg/dL 이하여야 할 중성지방 수치는 무려 500mg/dL까지 간 적도 있었지만, 꾸준한 몸 관리로 현재 모두 정상 범위 내에 있다. 가까운 지인들을 만나면 이런 나의 경험을 전하며 정기 건강검진 받을 것을 꼭 권한다.

운동하면 뇌가 똑똑해진다

운동은 건강을 위해 필수다. 난 밥 먹듯이 매일 운동한다. 가장 좋아하는 탁구는 주말은 물론, 약속이 없으면 주 중에도 즐긴다. 근력 운동은 주로 집에서 한다. 하체 근육을 강화하기 위해 스쿼트 운동을 하루에 100개씩, 코어근육 단련을 위해 프랭크 운동을 2분씩 틈나는 대로 한다. 엉덩이 근육을 키우기 위해 '브릿지' 운동도 거르지 않고 매일 한다. 굳이 헬스장에 가지 않고 생활 속에서 가벼운 마음으로 실천하려고 노력한다. 조금 더 걷기 위해 버스 탈 일이 있으면 한 정거장 전에 내려서 목적지로 향한다. 또 지하철을 이용할 땐 빈자리가 있어도 웬만해선 앉지 않는다. 선 채로 발 뒤꿈치를 올리고 내리기를 반복한다. 원활한 혈액순환 등을 위해 꼭 필요한 종아리 근육을 키우기 위해서다.

현대의 뇌과학은 운동이 단지 육체적 건강뿐만 아니라 뇌 건강에도 크게 도움이 된다는 것을 보여준다. 미국 하버드 의대 존 레이티 박사가 저서 《운동화 신은 뇌(Spark Your Brain)》에서 소개한 교육 실험이 대표적인 사례다. 미국 시카고 네이퍼빌 센트럴 고등학교는 체육 시간을 1교시 시작하기 전 0교시 수업으로 배치해 아침 운동을 시켰다.

"0교시 수업의 목적은 격렬한 운동을 통해서 학생들의 두뇌를 학습에 적합한 상태로 만드는 것입니다. 그러니까 학생들의 뇌를 깨어 있는 상태로 만들어서 교실로 들여보내는 것이지요."

학생들은 이런 운동 목적에 맞게 0교시 수업을 통해 자신의 몸이 어떻게 기능하는지 배우고, 거기에 맞는 건강한 습관을 익힌다. 체육 교사들은 학생들 각자가 재미를 느낄만한 종목을 찾을 수 있도록 다양한 운동을 경험하도록 했다. 그 결과 학업 성취도가 월등하게 높아졌다. 국제 학업성취도 평가에서 과학은 싱가포르를 제치고 1등, 수학은 싱가포르·한국·대만·홍콩·일본에 이어 6등을 했다. 국가 전체로 보면 미국은 과학에서 18등, 수학에서 19등에 머무는 데 그친 것에 비하면 압도적인 성과다. 운동을 통해 학생들의 뇌가 똑똑해진 것이다.

몽테뉴는 "부귀, 영화, 학식, 미덕, 명예, 사랑도 건강이 없으면 퇴색되고 사라져 버린다"라고 했다. "우유를 마시는 사람보다 우유를 배달하는 사람이 더 건강하다"는 영국 속담도 있다.

"여러분의 차를 운전해 줄 사람을 고용하고, 돈을 벌어줄 사람을 고용할 수 있지만, 여러분 대신 아파 줄 사람을 구할 수는 없습니다."

애플 창업자 스티브 잡스가 죽기 전 병상에서 남긴 말이다. 건강의 중요성을 새삼 생각하게 한다.

몸이 먼저다. 나이 듦을 한탄하지 말고 당장 신발 끈을 고쳐 매고 걷고 또 걸어보자. '건강한 노인이 병든 청춘보다 더 행복하다'는 말이 절로 나오도록.

걷기를 시작하기에
늦은 나이란 없다

많은 철학자가 걷기를 즐겼다.

칸트는 매일 점심을 먹고 산책에 나서 1시간을 걷곤 했다. 그는 날씨가 좋든 안 좋든 혼자 입을 꼭 다문 채 같은 길을 같은 시간에 걸었다. 한동네 주민이 칸트의 산책 시간에 맞춰 자기 집 시계를 맞췄다는 일화는 널리 알려져 있다. 그만큼 그의 산책 시간은 일정했고 규칙적이었다. 칸트에게 걷기는 건강을 넘어 정신을 즐겁게 하는 것이었다. 그는 걷기가 사유의 폭, 나아가 영혼에 휴식을 제공한다고 믿었다.

한평생 질병에 시달렸던 니체는 걷기를, 질병을 치유하고 동시에 사유를 얻기 위한 방편으로 삼았다. 그는 젊은 시절 대학교수로 일했으나 심한 두통 때문에 35세에 강의를 그만두고 걷기를 본격화했다. 5km가 넘는 거리를 빠르게 걷는가 하면, 때때로 10시간 가까이 걷기도 했다. 알프스의 산과 호숫가 등지를 걷고 또 걸었던 니체는 "진정으로 위대한 모든 생각은 걷기에서 나온다"라는 말을 남기기도 했다.

키르케고르는 "내가 한 가장 훌륭한 생각은 걸으면서 얻은 것이다"라고 했고, 루소는 "나는 걸을 때만 명상할 수 있다. 걸음을 멈추면 생각도 멈춘다. 나의 정신은 오직 나의 다리와 함께 움직인다"라며 걷기를 예찬했다.

걷기로 얻는 마음의 평온과 행복

걷기는 인류가 등장한 이후 가장 기본적인 행동이며 운동이었다. 기원전 4세기경 '소요학파'의 태두 아리스토텔레스부터 걷기에 대한 다양한 이야기가 이어지고 있지만 공통된 견해가 있다. 걷기가 인간의 몸을 강건하게 만들고 마음을 맑게 정화해 신체적으로나 정신적으로 도움이 된다는 점이다.

《철학자의 걷기 수업》은 '걷기'가 마음의 평온, 즉 행복에 이르는 길이라고 강조한다. 자연 속을 걸을 때 온전한 자기 자신과 마주하고 내면의 진실한 소리에 귀를 기울일 수 있게 돼 행복에 다다르게 된다는 설명이다. 저자 알베르트 키츨러는 독일의 철학자이자 걷기 예찬론자로 잠시 시간을 내 공원이나 산책로를 걷는 것만으로도 우리는 기계와 같은 삶에서 빠져나올 수 있다고 주장한다.

《운동화 신은 뇌》는 걷기 운동을 시작하면 나타나는 변화에 대해 이렇게 말한다.

> "걸으면서 대화를 나눌 수 있는 속도보다 조금 빠르게 한 시간을 걸을 수 있으면 중간 강도로 운동할 준비가 다 된 것이다. 일단 중간 강도의 운동을 할 수 있게 되면 운동을 하는 동안 신체와 뇌에 많은 변화가 일어날 뿐만 아니라 삶의 모든 부분이 바뀌기 시작한다. 활력과 에너지가 늘어나는 동시에 부정적인 태도도 줄어들고, 스스로 삶을 통제하고 있다는 느낌이 커진다. 무엇보다도 이 정도로 활동적인 사람이 되면 더 이상 집에 외롭게 틀어박혀 있지 않게 된다."

가성비 좋은 최고의 운동, 걷기

운동을 시작한다고 하면 헬스장이나 테니스, 배드민턴, 수영 등 특정 운동을 떠올리기 십상이다. 이런 운동도 좋지만 걷기는 당장 어디서나 할 수 있는 최고의 운동이다. 집 앞에서 동네 한 바퀴를 산책할 수 있고, 가까운 공원에서 자연과 호흡하며 걸을 수 있다. 또 헬스장 러닝머신 위에 올라가 자기가 원하는 속도에 맞춰 걸을 수 있고, 가족·친구·연인과 함께 대화 하면서 걸을 수 있는 아주 간편한 운동이다.

걷기가 주는 이로움은 아주 많다. 각종 연구를 종합해 보면 걷기는 고혈압, 심혈관·관절·호흡기 질환, 비만 등의 예방· 치료에 도움을 준다. 기분이 상쾌해지고 장운동이 활발해져 장 건강에도 유익하고 자연스럽게 식단조절까지 할 수 있다.

걷기의 이로움은 여기서 그치지 않는다. 걷기는 면역 체계를 튼튼하게 하고, 정신질환을 예방하고, 노화를 늦춘다. 게다가 스트레스, 두려움, 우울증 같은 심리적 손상을 줄이는 데도 도움을 준다. 다른 운동보다 부상 위험이 적고, 시간과 장소 구분 없이 할 수 있고 돈도 들지 않는다. 몸과 마음 건강을 동시에 챙길 수 있고 가성비까지 좋은 최고의 운동이다.

하루에 얼마나 걸어야 좋을까?

"오늘도 만 보를 걸었나?"

스마트워치나 휴대전화 측정기로 오늘 몇 걸음을 걸었는지 확인하는 사람들이 많다. 목표는 대부분 만 보다. 만 보에 미치지 못했으면 짬을 내 기어코 만 보를 채우는 사람들도 있다. 찌는 듯한 무더위가 이어지는 한여름이나 매서운 한파가 몰아치는 한겨울에도 꼭 만 보를 걸어야 할까?

2021년 7월 6일, 미국 《뉴욕타임스(NYT)》는 이와 관련해 눈에 띄는 기사를 실었다. '건강을 위해 하루 만 보가 정말로 필요할까(Do We Really Need to Take 10 thousands Steps a Day for Our Health)?'라는 제목의 기사로 '만 보'의 건강효과에 의문을 제기했다. 《NYT》는 "만 보 걷기는 일본 업체의 상술에서 출발했다"며 1964년 도쿄올림픽 이후 일본의 업체가 '만보기'를 만들어 내면서 '하루 만 보' 홍보에 주력했고, 이것이 현재까지 통용되고 있다고 언급했다.

그렇다면 하루 얼마나 걸어야 좋을까? '건강수명'을 늘리려면 하루 9,000보를 목표로 삼는 게 가장 이상적인 것으로 나타났다. 세계 최고 장수국 일본에서도 장수학 연구에 가장 앞선 곳으로 평가받는 교토부립(京都府立) 의과대 연구진이 걸음 수와 건강 상태의 관계를 인공지능(AI)을 활용해 개발한 지표 등으로 분석한 결과다. 2024년

5월 발표한 이 연구 결과에 따르면 하루 9,000보까지는 걸음 수가 늘어남에 따라 효과가 확연히 높아졌지만 9,000보를 넘어서면 거의 차이가 나지 않았다. 그 이상은 '노동'일 뿐인 게다. 통계청이 2024년 4월 발표한 인구 추계를 보면 2022년 기준 한국인의 기대 수명은 82.7세다. 하지만 기대수명에서 유병 기간을 뺀 건강수명은 65.8세에 그쳤다.

건강을 지키는 '최고의 무기'이자 '최후의 보루'

"약보(藥補)보다 식보(食補)가 낫고, 식보보다는 행보(行補)가 낫다."

조선시대 최고의 명의 허준이 저술한 《동의보감》에 나오는 말이다. 좋은 약을 먹기보다는 좋은 음식을 먹는 것이 낫고, 좋은 음식보다는 '걷기'가 더 좋다는 뜻이다.

'의학의 아버지'라 불리는 히포크라테스는 "최고의 치료법은 걷기운동이고, 최고의 약은 웃음이다"라고 했다. 걷기는 노년기 건강을 지키는 '최고의 무기'이자 '최후의 보루'이다.

나이 먹을수록 격렬한 신체활동을 할 수 없는 데다, 전체적인 운동량도 줄어든다. 점차 특정 운동을 하지 못할 정도로 기력은 쇠약해져 간다. 그래도 두 다리가 건강해 걸을 수 있다면 아직은 버틸 만하다. 하지만 다리가 무너지면 건강도 순식간에 무너진다. 생명 유지의 마지막 버팀목인 걷기를 못하게 되면 삶의 불꽃은 끝내 사그라든다.

바른 자세로 걸어보자. 우선 가슴과 어깨를 쫙 펴주고 시선은 정면을 향하며, 허리를 곧게 편 상태에서 배에 힘을 준다. 걸을 때 발뒤꿈치, 발바닥, 발가락 순서로 발을 내딛고 팔은 자연스럽게 힘차게 앞뒤로 흔들어 보자.

노년기의 걷기는 단순히 운동과 취미의 개념을 뛰어넘는다. 신체적 건강을 유지하고 영혼을 풍요롭게 한다. 걷기는 품위 있게 늙어가려면 밥 먹듯이 하루도 거르지 말고 해야 할 성스러운 '의식(儀式)'이다. '걷기'를 시작하기에 늦은 나이란 없다.

탁구, 뇌 운동에 가장 좋은 최고의 생활 스포츠

"탁구 어렵죠?"

"네~"

"잘 안 늘죠?"

"네~"

"근데 재밌죠?"

"네~"

김택수 미래에셋증권 탁구단 총감독이 여러 해 전 자신을 초청한 탁구동호회 회원들에게 원 포인트 레슨을 하며 회원들과 주고받은 말이다. 탁구의 특성을 '어렵고 안 느는데 재밌다'는 세 마디로 응축한 이 말을 듣는 순간 나는 고개를 끄덕이며 무릎을 쳤다. 김 감독은

1992년 바르셀로나 올림픽 메달리스트로 1988년 서울올림픽, 2004년 아테네올림픽에서 각각 금메달을 목에 건 유남규, 유승민과 함께 한국 남자 탁구계의 살아있는 전설로 꼽힌다.

탁구는 어렵지만 재밌다

김 감독의 말처럼 탁구는 어렵다. 흔히 드라이브라고 말하는 탑 스핀을 비롯해 스매시, 푸시, 춉(커트), 바나나 플릭(치키타), 드롭샷(스톱), 블록, 로빙 등 기술이 다양하다. 하나의 기술을 습득하는 데 많은 땀을 흘려야 한다. 시간 또한 수개월 이상 걸린다. 공들여 익힌 기술도 정작 게임에선 곧바로 통하지 않는다. 회전 변화가 다양한 볼을 제대로 받아넘기기 위해서는 또다시 그만큼의 노력과 적응 기간이 필요하다. 40, 50대의 나이에 탁구에 입문한 초보자라면 1년 동안 개인지도를 받아도 고수와 도무지 게임 상대가 되지 않는다. 상대방의 서브부터 받아 넘기지 못하니 게임을 제대로 할 수 없는 게다.

탁구는 고도의 집중력과 순발력은 물론, 뛰어난 민첩성과 섬세한 감각까지 요구한다. 공의 무게는 2.7g. 입으로 불면 날아갈 수준이다. 구기 종목에서 사용하는 공 가운데 가장 가볍다. 지름은 40mm.

골프공 크기(42.67mm 이상)와 엇비슷하지만, 무게는 골프공(45.93g 이하)의 20분의 1 수준이다. 타격 강도를 조금만 달리해도 회전수는 물론 공 튀는 정도가 확연히 달라진다. 공의 크기가 작고 가벼운 만큼 회전수도 가장 많다. 1초에 100회나 된다. 탁구 경기에서 핵심 요소 중 하나인 스핀에는 무회전, 횡회전, 상하회전, 복합회전 등 다양한 종류가 있다. 공을 치면 0.2초 만에 상대방 코트에 도달한다. 공을 받기 위해서는 반응속도가 엄청나게 빨라야 한다. 이러니 초보자는 물론, 고수들도 탁구대 앞에 서면 겸손해진다.

탁구가 어렵고 잘 안 느는 데도 한번 라켓을 잡은 사람은 쉽사리 탁구를 그만두지 못한다. 왜 그럴까?

무엇보다 재미있기 때문이다. 어렵게 익힌 기술이 게임에서 통했을 때 말로 표현할 수 없는 성취감, 드라이브가 제대로 걸렸을 때의 짜릿한 손맛, 강력한 스매시가 성공했을 때 가슴이 뻥 뚫리는 듯한 통쾌함… 이런 재미를 느낀 사람에게 기술 익히기가 힘들고, 느는 속도가 더딘 게 무슨 대수겠는가. 게다가 회원끼리, 가족끼리, 지인끼리, 연인끼리 볼을 주고받고 함께 땀을 흘리다 보면 세로토닌 등 행복 호르몬이 절로 솟는데 말이다. 도전 의식도 생긴다. 어려우니 연습에 열중하고 끊임없이 기술 습득을 위해 노력하게 된다.

탁구 전도사로 활약하게 만드는 매력

탁구는 나에겐 인생의 동반자나 다름없다. 나의 간절한(?) 소망은 80이든 90이든 두 팔, 두 다리가 성할 때까지 탁구를 즐길 수 있는 것이다. 나는 1주일에 닷새는 탁구장으로 향한다. 주말을 포함, 아흐레의 휴가 기간 내내 탁구의 즐거움을 만끽한 적도 있다. 구청장배 등 대회에도 매번 어김없이 출전한다. 복식 경기에서 우승, 준우승 등 입상도 여러 번 했다. 주특기인 스매시가 제대로 들어갔을 때 응어리진 스트레스는 경쾌한 타구음과 함께 단번에 사라져 버린다. 이땐 탁구가 단순한 운동이 아니라 마음마저 정화하는 '힐링 스포츠'라는 생각도 든다.

사람을 만나는 자리에서도 업무와 관련된 대화가 끝나면 '탁구 전도사'로 변신한다. 탁구가 어떤 점에서 건강에 좋은지부터 16살의 나이에 2020 도쿄올림픽에 출전해 '국민 삐약이'로 큰 인기를 끈 한국 여자탁구 간판 신유빈 선수와 국제무대에서 뛰어난 기량을 선보이고 있는 한국 남자탁구 기대주 오준성 · 이승수 선수의 활약상, 왕추친 · 마룽 · 판전둥 등 세계 톱랭커들의 '넘사벽' 기술까지…. 탁구에 관한 것이라면 뭐든 화제에 올려놓고 탁구 예찬에 목소리를 높인다.

주변에서 나이 들어 어떤 운동을 하면 좋겠냐고 물으면 난 주저

없이 탁구를 권한다. 이유는 차고 넘친다.

탁구는 '전천후 스포츠'이다. 실내 운동이기 때문에 비가 오나 눈이 오나 바람이 부나 날씨에 상관없이 1년 365일 언제든 즐길 수 있다. 탁구의 빼놓을 수 없는 강점이다.

탁구는 최고의 '실버 스포츠'다. 네트를 사이에 두고 마주 보며 게임을 해 서로 부딪쳐 다칠 일이 없다. 젊은 사람들처럼 드라이브나 스매시 등 움직임이 많은 기술을 사용하지 않아도 충분히 즐길 수 있다. 어르신들도 자기 몸 상태에 맞게 포핸드 롱이나 쇼트, 커트 등 움직임이 적은 기술로도 탁구의 재미를 만끽하며 운동 효과를 톡톡히 볼 수 있다.

탁구는 나이와 상관없이 즐길 수 있는 '가족 스포츠'다. 과격한 운동이 아닌 데다 게임 규칙도 복잡하지 않아 초등학교에 다니는 10대 손주, 30대 며느리, 70대 할아버지 등 3대가 함께 즐길 수 있다. 실력이 비슷하면 남녀노소 누구나 함께 어울려 칠 수 있는 게 탁구다. 실제 대회에 나가보면 20대부터 80대에 이르기까지 다양한 연령층이 출전한 모습을 볼 수 있다. 수십 년의 나이 차를 떠나 함께 웃고 즐기는 광경을 보면 마음마저 훈훈해진다.

탁구는 돈도 얼마 들지 않는다. 처음 시작할 때 라켓, 탁구화, 운동복만 갖추면 러버를 교체할 때 빼놓고 특별히 돈 들어갈 일이 없다. 탁구장 이용료도 골프 등 다른 스포츠에 비해 저렴하다. 공공기관에서 운영하는 체육 시설을 이용하면 훨씬 싼 가격에 즐길 수 있다. 대부분의 동 주민센터에는 주민 체육 활동 증진을 위해 탁구대가 설치되어 있다.

12년을 이어온 탁구라는 신세계

탁구는 혼자 할 수 없는 운동이다. 동호회 활동을 하면 실력 향상은 물론이고, 탁구 외적인 기쁨도 얻을 수 있다. 나는 지난 2012년 용산성당 탁구부 회원이 됐다. 초등학교 때부터 함께 탁구했던 '깨복쟁이 친구' 스테파노 덕이다. 우리는 중고 시절 서로 학교는 달라도 방학 때면 만나 탁구를 즐기곤 했다. 당시 성당 탁구부 회장을 맡고 있던 친구는 나에게 탁구부 가입을 권했다. 나는 주저했다. 무교로 신자가 아닌 데다, 1년 전에 택견 연습 중 종아리 근육이 파열돼 아직 몸이 성치 않았기 때문이다.

친구로부터 또 연락이 왔다. 주말이니 한번 놀러 오라고. 성당은 내가 사는 아파트 후문과 불과 7, 8m 거리에 있다. 그야말로 지근

거리에 있다. 가는 데 거리상 부담도 전혀 없기에 구경 간다는 기분으로 성당 탁구장에 들렀다. 아뿔싸! 생각보다 열기가 훨씬 뜨거웠다. 환호성을 지르며 시합에 열중하는가 하면 한쪽에서는 구슬땀을 흘리며 초보자를 정성껏 가르치고, 혼자 열심히 스윙 연습을 하기도 하고…. 6대의 탁구대로는 부족할 정도로 참가 인원도 많았다.

그날부터 나는 회원이 됐다. 이내 신세계에 빠졌다. 탁구로 땀 흘리고 나니 저녁 식사를 함께하잖다. 따라 간 식당에서 나로선 난생처음 보는 일이 시차를 두고 이어졌다. 식사 전에 시작기도를 하더니, 식사 후엔 마침기도로 일정을 마무리하는 모습에서 왠지 모를 신성함을 느꼈다. 그때마다 신자가 아닌 나는 휴대전화만 만지작거렸지만. 더 당황스러웠던 건 호칭이었다. 서로 세례명으로 부르는 모습은 내겐 또 다른 세상으로 보였다. 스테파노, 요한, 율리아노, 다마스, 알베르토, 마테오, 요셉, 프란치스코, 수산나, 세실리아, 미카엘라, 카타리나, 아네스, 아델라이다, 율리아나, 다리아, 모니카, 바실라… 처음엔 낯설고 헷갈렸지만 한두 달 지나니 본명보다 세례명에 더 익숙해졌다. 남성은 여성을 자매님으로, 여성은 남성을 형제님으로 부르는 것도 따스한 가을 햇살처럼 정겨운 풍경이었다.

특별한 사정이 없는 한 주말에는 어김없이 성당 탁구장으로 향한다. 서너 시간 땀을 흠뻑 흘리다 보면 스트레스는 저 멀리 날아간다.

운동한 뒤에는 함께 식사하러 가는 게 불문율이다. 식사 전 시작 기도가 끝나고 들이키는 막걸리 한잔은 꿀맛 그 자체다. 식사 중 동네 소식도 자연스레 나온다. 새로 문을 연 맛집이라든가, 허리 아픈데 어떤 병원이 효험이 있다든가, 알아두면 쓸모 있는 정보가 쏟아진다. 애경사도 서로 살뜰히 챙긴다. 봄, 가을 한 차례씩 구청장배 대회도 빠짐없이 참가한다. 점심이며 간식을 푸짐하게 준비해 온종일 소풍처럼 즐긴다. 다른 성당과 서로 오가며 교류전도 한다. 성지 순례와 함께 탁구 국가대표인 이상수 선수의 부친에게 지도받는 인천 강화도 '전지훈련'은 색다른 재미를 선사한다.

그렇게 12년의 세월이 흘렀다. 그사이 새로운 회원도 많이 들어왔다. 안젤라, 바오로, 안드레아, 데레사, 미카엘, 방지거, 아델라, 레오…. 12년 전 핵심 멤버는 그대로다. 운동 후 막걸리 한잔하는 것역시 그대로다. 식사 전후 기도할 때 휴대전화를 만지작거리는 것도그대로다. 그사이 달라진 것도 있다. 탁구가 맺어준 성당 동호회 활동을 통해 이제 반(半) 신앙인이 됐다. 스테파노! 고맙다~.

탁구는 가장 좋은 뇌 운동

고도의 집중력·순발력을 요구하는 탁구는 뇌 건강에도 탁월한

효과를 발휘한다. 미국의 정신과 전문의이자 임상 신경과학자인 다니엘 G 에이멘은 그의 저서 《뷰티풀 브레인》에서 20여 년간 5만 건 이상 진행한 뇌 스캔 영상 자료와 풍부한 임상 사례 연구를 바탕으로, 뇌 건강이 곧 건강하고 아름다운 몸의 근원이며 나아가 삶의 질을 개선한다고 강조한다. 흥미로운 대목은 저자가 뇌 건강 및 뇌 기능 향상에 좋은 운동을 할 것을 권하면서 특히 "탁구는 세상에서 가장 좋은 뇌 운동인 동시에 고도의 유산소 운동"이라고 강조한 점이다. 저자에 따르면 탁구하는 동안 우리의 뇌는 전방위적으로 활용된다.

"탁구는 우선 손과 눈의 협응력과 반사 능력(소뇌와 두정엽)을 강화하는 데 아주 좋다. 공간을 가로지르는 탁구공을 쫓기 위해(두정엽과 후두엽) 집중력을 발휘하게 되고(전전두엽) 공의 회전을 계산하고(두정엽과 후두엽) 타구와 전략을 계획해야만(전전두엽과 소뇌) 한다. 팔을 휘둘러 원하는 전술을 성공적으로 실행해야만(전전두엽과 소뇌) 한다. 또한 경기 내내 점수에 지나치게 신경 써서 신경이 예민해지지 않기 위해 침착성을 유지해야만 (기저핵) 한다. 몇 분 전에 내준 점수에 연연해서도 안 되고, 실수했을 때 화를 내서도 안 된다(측두엽). 탁구는 그야말로 '유산소 체스'라고 할 만하다."

탁구는 돈도 적게 들고, 날씨에 상관없이 칠 수 있다. 남녀노소 함께 호흡할 수 있으며, 나이 들어서도 큰 부상 위험 없이 즐길 수 있는 '최고의 생활 스포츠'다. 게다가 '세상에서 가장 좋은 뇌 운동'이라니. '어렵고 안 느는데 재밌는' 탁구의 오묘한 매력에 푹 빠져 보면 어떨까.

'좋은 취미'가
'건강한 노년'을 만든다

학창 시절 생활기록부를 살펴보면 '장래 희망''특기' 등과 함께 한 자리를 차지하고 있는 게 있다. 바로 '취미'다. 취미는 대학교 소개팅 때도, 맞선 보는 자리에서도 빠짐없이 오가는 대화 소재다. 처음 취업할 때는 물론 재취업하거나 퇴직 후 구직활동을 할 때 내는 자기소개서에도 취미란은 어김없이 있다. 취미가 우리의 삶에서 빼놓을 수 없는 요소라는 점을 방증한다.

좋은 취미는 인생을 건강하고 풍요롭게 만든다. 일상을 유쾌하고 명랑하게 만드는 동력이다. 자아를 발전시키고, 사회적 관계를 강화하고, 바쁜 업무와 일상생활에서 쌓이는 스트레스를 해소하는 데도 힘을 발휘한다. 취미는 노년층의 정신건강에 특히 이롭다.

영국 유니버시티칼리지런던(UCL) 연구팀의 연구에 따르면 취미를 갖고 있는 65세 이상 노년층은 우울증을 겪을 위험이 낮고 행복감, 삶의 만족도가 높은 것으로 나타났다. 특히 삶의 만족도가 취미 참여와 가장 밀접하게 연관된 것으로 드러났다. 영국·일본·미국·중국 그리고 유럽 12개국 등 16개국의 65세 이상 9만 263명의 데이터를 조사한 결과로, 나이 들어도 취미활동을 꾸준히 유지하는 게 중요하다는 것을 단적으로 보여준다.

노년에 즐길 수 있는 다양한 취미

취미 활동을 같이하는 동호회 모임 등에 적극 참여해 함께 즐기면 고립감과 외로움에서 벗어날 수 있다. 정신적으로나 신체적으로 건강한 상태를 유지하게 도와주기 때문이다.

함께 즐기면 좋은 대표적 취미로 운동을 꼽을 수 있다. 가족·친구와 함께 걷거나, 다양한 사람들과 어울려 배드민턴·탁구 등을 즐기면 우울·불안 등 부정적 감정을 감소시켜 정신건강에 도움을 준다. 수년 전부터 실버스포츠, 가족스포츠로 급부상한 파크골프도 해볼 만하다. 도심 속 공원이나 유휴부지에서 즐기는 게임이라고 해서 '공원 골프'(PARK GOLF)라는 이름이 붙은 파크골프는 접근성, 저렴한 비용 등으로 인해 실버 세대가 즐길 수 있는 취미로 인기를 끌고 있다.

혼자 집에서 조용히 취미활동을 즐기고 싶다면 글쓰기, 그림 그리기, 외국어 공부는 어떤가. 여러 연구 결과, 이런 취미 활동은 높은 집중력과 창의력을 요구하는 데다 뇌를 활성화하는 데도 효과적이어서 치매 위험도 낮추는 것으로 나타났다.

바깥출입을 삼가고 집에 머무르는 시간이 많을 나이에 열정적인 취미 활동을 몸소 실천해 화제를 모으고 있는 어르신들도 있다. 47명 선수 모두 85세 이상의 노인들로 구성된 '한우리축구단'. 전국 최초 '85세 이상(1938년생 이하)'만 입단할 수 있는 축구단으로, 서울 동작구의 지원을 받아 2023년 9월 창단됐다. 최고령 선수의 나이는 무려 98세다. 통계청 자료에 따르면 한국 남성의 평균 수명은 지난 2019년 기준 80.3세. 그런데, 축구단에 가입한 선수 중 가장 어린 나이가 85세라니 이들 어르신의 열정은 입이 쩍 벌어지게 만든다. 반평생 넘게 동네 조기 축구를 한 어르신들에게 축구는 누구도 못 말리는 취미이자 건강 관리 비법인 셈이다.

미국에는 76세에 처음 그림을 시작하여 101세까지 살면서 '국민 화가'로 존경받은 할머니가 있다. 그랜마 모지스(Grandma Moses)라는 애칭으로 유명한 할머니는 세상을 떠날 때까지 1,600점의 그림을 세상에 남겼다. 1961년 12월 13일 뉴욕에서 타계한 할머니는 죽기 직전인 100세 때도 25점이나 그렸다. 그랜마 모지스의 열정적인 삶과 그림들은 '인생에서 너무 늦을 때는 없다'란 사실을 일깨우며 행복이란 만들어 가는 것이라는 가르침을 전해주고 있다.

취미는 삶의 기쁨이자 즐거움의 원천이다. 흥미 있는 일이나 취미에 몰입하다 보면, 그 과정에서 자연스레 행복을 느끼게 된다. 함께 즐기며 오가는 대화 속에 만발하는 웃음꽃은 무엇과도 바꿀 수 없는 행복감을 안겨준다.

하지만 좋은 취미는 하루아침에 가질 수 없다. 더 나이 들기 전 자신에게 맞는 취미를 찾아두는 지혜가 필요하다. 다양한 활동을 맛본 뒤 자신의 성격과 취향에 맞고, 무엇보다 '재미'를 안겨주는 것을 취미로 삼아야 꾸준히 이어갈 수 있다. 충분한 고려 없이 자신에게 맞지 않는 활동을 취미로 선택하면 스트레스만 쌓일 뿐이다.

책 읽고 글 쓰며 운동하고
캐리커처 그리기

"공감이란 알며 사랑하는 것이다. 나는 애정 담은 관찰로 동물과 공감하고 의미 담긴 책으로 사람과 공감한다. 내가 끊임없이 책을 읽고 사람들에게 책 이야기를 즐겨 하는 이유는 그것이 세상과 대화하는 가장 매력적인 방법이기 때문이다. 모두가 공감으로 진화하는 세상, 책 읽기와 글쓰기는 내 삶의 스타일이다."

국내 최고의 통섭학자 최재천 이화여대 석좌교수. 그가 지적 생활인의 경계를 넘나드는 자신의 자유로운 생각들을 담은 저서 《최재천 스타일》에서 한 말이다. 칠순의 진화생물학자인 최 교수는 67세에 시작한 유튜브가 돌풍을 일으키면서 자칫 꼰대 소리 듣기 십상인 나이에 MZ세대(1980년대 초~2000년대 초 출생)가 추앙하는 '지식돌'

로 진화(?)를 거듭하고 있다. 각종 강연과 글쓰기로 대중에게 친숙한 최 교수를 나도 좋아한다.《통섭적 인생의 권유》등 그가 쓴 책을 여러 권 접했다. 10여 년 전부터 서가에 꽂혀 있던《최재천 스타일》을 최근에서야 펼쳐 보며 최 교수를 다시 우러러본다. 책 읽기와 글쓰기에 진심인 그에게 진한 동질감을 느껴서다.

인생의 3대 축과 히든카드

'책 읽고 글 쓰고 운동하기'

은퇴 후 매일 할 일로 정한 내 남은 인생의 3대 축이다. 책 읽기와 글쓰기가 '최재천 스타일'인 것처럼 나에게도 '책'과 '글'은 여생의 버팀목이자 삶의 스타일이다. 책 읽기와 글쓰기가 자존감을 올리며 평생 현역으로 살 수 있는 최종 병기가 되길 희망하기도 한다.

책을 읽고 글을 쓰는 것은 기자라는 내 직업과도 연관이 있어 새삼스러운 것이 없다. 운동 또한 탁구가 오래전부터 이미 인생의 동반자가 된 마당에 남은 세월에 당연한 일과가 될 터이다.

여기에 노년의 버팀목이 될 '히든카드'가 하나 있다. 바로 그림 그리기다. '책 · 글 · 운동'이 10여 년 전부터 맘먹은 내 인생의 3대 축이라면, 그림은 불과 수년 전에야 내 마음속을 파고들며 여생을 함께할 취미가 됐다.

내가 그림을 떠올린 건 탁구와 깊은 관계가 있다. 동적인 탁구를 단순한 취미를 넘어 마니아 수준으로 즐기다 보니, 어느 날 정적인 취미도 있으면 좋겠다는 생각이 간절하게 들었다. 막연한 생각이긴 했지만, 동적인 탁구와 정적인 취미를 함께 하면 몸과 마음의 균형이 더 잘 잡힐 것 같다는 생각이 들기도 했다.

그럼, 정적인 취미로 뭘 할까? 몇 날 며칠을 고민한 결과 문득 떠오른 건 그림. 학창 시절 선생님을 비롯한 주위 사람들로부터 단 한 번도 잘 그린다는 말을 듣지 못했다. 그림에는 소질이 없었던 게 분명하다.

"그렇다면 그림 그리기를 친구로 만들어 보자. 잘못한 걸 이제부터라도 배워서 죽기 전에 그림 잘 그린다는 소리를 한 번이라도 들어보자."

이렇게 맘먹고 평소 탁구를 통해 알게 된 동네 절친 후배와 의기투합했다. 당장 집에서 가까운 백화점 문화센터에서 개설한 야간 수업에 등록했다. 처음에는 1주일에 한 차례씩 인물화 수업을 들었다. 수강생은 고작 4명. 2명이 한꺼번에 빠지기라도 하는 날에는 후배와 난 1 대 1 과외 수업을 받는 것처럼 꼼꼼하게 지도받았다. 눈, 코, 입, 귀 등 얼굴 부위를 하나씩 그리는 연습부터 시작해서 2개월 뒤쯤부터 얼굴 전체를 도화지에 담았다. 선생님의 도움을 많이 받긴 했지만, 난생처음 직접 그린 '인물'이 완성되는 순간 느꼈던 짜릿한 성취감은 지금도 잊을 수 없다.

새롭게 도전한 캐리커처

그렇게 1년 3개월가량 진행된 수업에 단 한 번도 빠지지 않은 성실한(?) 수강생이었던 나와 후배는 인물화 수업을 바탕으로 캐리커처에 새롭게 도전하기로 했다. 사람의 특징을 과장하여 우스꽝스럽게 묘사하는 캐리커처는 배우면 배울수록 독특한 매력으로 다가왔다. 일주일에 한 번, 2시간 동안 진행된 수업에서 선생님은 사람의 특징을 잡는 데 중점을 두고 우리를 지도했다. 눈, 코, 입, 귀, 머리, 주름은 물론 옷차림 · 안경 · 액세서리도 중요한 학습 포인트였다.

개그맨인지, 교사인지, 정치인인지 등 직업을 살피고 운동 · 낚시 · 독서 등 취미까지 두루두루 고려해 형상화하는 과정은 상당한 집중력과 세심함이 필요했다. 눈썹을 1mm 정도만 굵게 하거나 가늘게 해도 인상이 달라 보이고, 눈동자의 위치를 조금만 잘못 잡아도 전혀 다른 인물이 됐다. 하지만 그럴수록 캐리커처가 주는 즐거움은 날이 갈수록 커졌다. 어려우니까 도전하고 싶은 생각이 더 들었기 때문이다. 나와 후배는 서로의 캐리커처를 비교할 때마다 박장

대소하곤 했다. 때론 서툰 솜씨 때문에 애써 그린 캐리커처가 대상
인물과 전혀 닮지 않아서, 때론 모습은 비슷하긴 한데 서로 강조한
특징이 너무 달라서 웃음보가 터졌다.

　손흥민, 유재석, 마동석, 강호동 등 유명인을 그린 뒤 지인들에게
카톡으로 "누구?" 하며 보낸 뒤 반응을 살펴보는 재미도 쏠쏠했다.
손흥민 캐리커처에 대해 곧바로 'SON'이라는 답신이 오면 그렇게
기분 좋을 수가 없었다. 반면 마동석을 그렸는데 한참 뒤 '북한 김정
은?'이라는 문자를 받았을 땐 힘이 쑥 빠지기도 했다.

　인물화 수업과 마찬가지로 한 번도 '땡땡이' 치지 않고 목표로 했

던 1년 수업을 깔끔하게 마무리했다. 수업이 끝날 무렵, 마치 졸업 작품을 만든다는 자세로 지인 두 명을 모델로 작업을 했다. 한 명은 대학 1학년 때 만난 42년 절친, 또 다른 한 명은 같은 아파트에 거주하며 부부 동반으로 3개월에 한 번쯤 정기적으로 저녁 식사를 같이 하는 동네 절친 형님이었다. 솜씨는 부족하지만, 정성을 다해 완성한 작품(?)을 조심스레 건넸다. 흐흐, 반응은 예상보다 훨씬 좋았다. 액자에 담아 친구는 거실에, 형님은 서재에 '영구 전시'하고 있으니

….

미진한 실력을 좀 더 갈고닦아 매월 지인 한두 사람에게 삶을 응원하는 캐리커처를 선물할 계획이다. 손주가 생긴다면 최우선으로 그려주련다. 자신의 특징을 재밌게 표현한 캐리커처를 받아 들고 좋아하는 지인과 손주의 모습을 떠올리면 벌써 힘이 솟고, 미소가 돈다. 캐리커처를 내 삶에 힘이 되는 취미로 선택한 원초적 이유이다. 행복이 별건가. 이런 게 '소소하지만 확실한 행복'이지.

행복한 노년을 위한 필수 요소

4부

죽을 때까지
해야 할 자기 관리

'시간 도둑'이 되지 말자

8만 6,400초.

매일 우리에게 주어진 시간(24시간×60분×60초)이다. 모든 시간은 가치 있고, 시간은 그 자체가 돈이다. 하지만 사용하지 못하고 흘려보내면 그냥 사라지는 게 시간이다.

로널드 레이건 전 미국 대통령은 1989년 일본의 한 업체에서 20분간 강연하고 무려 300만 달러를 받았다. 1초에 2,500달러를 번 셈이다. 일상에서 시간이 돈이라는 걸 쉽게 실감하는 건 은행 거래를 통해서다. 은행에 돈을 맡기면 맡긴 기간에 따라 들어온 이자를 통장에서 눈으로 바로 확인할 수 있다. 금융 상품에 따라 장기간 적립할 경우 눈덩이처럼 복리로 불어나기도 한다. 현대인의 필수품인 휴대전화 요금 역시 통화한 시간에 따라 계산된다. 유료주차장 요금이나 PC방 이용료도 시간에 비례해 매겨진다. 샐러리맨이 받는 월급도 마찬가지다. 직장에 시간을 쏟아 부으며 피땀 흘린 대가다.

그 사람을 알 수 있게 해주는 시간 개념

시간은 1시간 이상의 '큰 시간'만 있는 게 아니다. 토막 시간, 자투리 시간, 짬이라고도 하는 '작은 시간'도 있다. 예정했던 일이 빨리 끝났을 경우나, 버스나 지하철 등 교통수단을 기다리는 시간 등이 이런 시간이다. 과거 대선 후보들이 선거 유세를 마치고 다른 장소로 이동할 때, 차 안에서 부족한 수면을 채우기 위해 잠시 눈을 붙이곤 하던 토막잠은 작은 시간을 활용한 경우다. 작은 시간은 짧을 뿐더러 일정하게 오는 시간이 아니다 보니, 그냥 흘려보내기 십상이다. '고작 10분인데 그 시간에 뭘 하겠어'라는 생각에 시간을 무의미하게 보내버린다. 누구는 1초에 2500달러나 벌어들일 만큼 시간은 그야말로 '황금'이다. 이렇게 보면 자투리 시간 10분도 엄청난 시간이다. 이 시간을 어떻게 보낼 것인가는 오로지 자신에게 달려 있다.

시간은 그 사람이 어떤 사람인지를 알 수 있게도 해준다. 내게 '그 사람'은 여태껏 단 한 번도 약속 시간에 늦은 적이 없다. 항상 정한 시간보다 일찍 도착해 기다리고 있다. 버스를 타고 오다 도로가

정체돼 제시간에 못 올 상황이라면 어김없이 카톡으로 알려 온다. "5분 혹은 10분쯤 늦을 것 같다"고. 그런데 도착해 보면 벌써 와 있다. 혹시 늦을지 몰라 기다리지 않도록 미리 연락한 것이다. 그 사람은 바로 내 절친이다. 난 이처럼 한결같이 시간을 잘 지키는 모습을 수십 년간 지켜보면서 그 친구 말이라면 뭐든지 신뢰한다.

이와 반대로 약속 시간을 으레 어기는 사람들도 있다. "차가 막혀서"라는 핑계를 대면서 말이다. 이런 사람에게 신뢰감이 생길 수 있겠는가? 더 큰 문제는 자기가 남의 시간을 빼앗았다는 인식을 못 하는 데 있다. 물건을 훔쳐야만 도둑이 아니다. 남의 소중한 시간을 빼앗아도 도둑이다. 바로 '시간 도둑'이다. 노년엔 시간이 젊었을 때보다 더 빨리 지나간다. 시간이 더 소중한 시기이다. 나이 들수록 시간 도둑은 되지 말자. 독일의 철학자 아르투어 쇼펜하우어의 다음과 같은 말을 곱씹어 보면서.

"젊을 때는 인생이 무한한 것으로 생각하고 그렇게 행동한다. 하지만 나이가 들수록 시간을 경제적으로 쓴다. 왜냐하면 노년에는 살아가는 하루하루가 마치 고등 법정으로 끌려가는 죄인이 한 걸음씩 걸을 때마다 느끼는 것과 같은 그런 감정을 일깨우기 때문이다."

여유 있는 삶을 위해 시간 관리를 하자

노년의 행복은 여유에서 나온다. 여유 있는 삶을 위해서는 시간 관리가 필요하다. 은퇴 후엔 특히 그렇다. '시간 부자'가 되기 때문이다. 회사 규칙의 영향을 크게 받아 시간을 수동적으로 쓰게 되는 직장 생활 때와 달리, 누구의 간섭도 받지 않는 은퇴 후에는 넘쳐나는 시간을 스스로 적극적으로 통제하고 관리해야 한다.

운동을 통해 몸을 단련하고, 책을 읽으며 인생의 지혜를 터득해 나가고, 재능기부와 봉사활동 등 세상에 이바지하는 일을 하며 균형 잡힌 삶을 살아야 한다. 특히 독서는 시간을 절약하게 해주는 놀라운 힘이 있다. 한 권의 책을 통해 저자가 일생 경험하고 쌓아 올린 생각을 불과 하룻밤 사이에 맛보게 해준다. 좋은 책 한 권의 부가가치는 돈으로 매길 수 없을 만큼 엄청나다.

누가 먼저 저세상에 갈지는 아무도 모른다. 태어날 때 선후배는 있었지만 죽을 때 순서는 없다. 하지만 몸이 쇠퇴하고 생물학적인 나이가 많은 노년일수록 저세상에 먼저 갈 확률이 높은 건 사실이다. 나이 들수록 시간 관리에 힘쓰고 시간을 더 소중히 써야 하는 이유다.

성공한 사람들은 시간의 소중함을 어김없이 강조한다. 마이크로

소프트 회장 빌 게이츠는 "시간 낭비는 인생 최대 실수다"라고 했고, 퓰리처상 수상 작가 애니 딜러드는 "하루를 어떻게 보내는가에 따라 인생이 결정된다"고 말했다.

독일의 위대한 문학가 괴테는 "하루하루 최선을 다하지 않고는 그날의 보람이 없을 것이며, 최후의 목표에 결코 도달할 수도 없다"고 했고, '발명왕' 에디슨은 "가장 어리석고 못난 변명은 '시간이 없어서'라는 변명이다"라고 했다.

위대한 성공을 거둔 사람들의 이런 말에 이의를 제기할 수 있는 사람이 있을까? 누구에게나 주어지는 하루 24시간, 하루 1,440분, 하루 8만 6,400초. 이를 어떻게 활용하고 관리하느냐에 따라 인생은 결정된다.

나이 들수록 함부로
인연을 맺지 말자

미국 하버드대학에서 사람을 행복하게 하는 것이 무엇인지 밝히기 위해 약 75년 동안 700명을 대상으로 행복의 요인에 대해 추적 조사를 진행했다. 그 결과 행복을 향상하는 것은 모두가 예상했던 학력, 부, 명예 등이 아니라 좋은 인간관계였다.

또 미국 카네기 공과대학에서 1만 명을 대상으로 '자신의 인생이 실패했다고 생각한다면 그 이유는 무엇인가'를 주제로 설문한 결과에서도 '인간관계'라고 답한 사람이 85%로 압도적인 비중을 차지했다. 반면 전문적인 기술이나 지식의 부족을 꼽은 사람은 15%에 불과했다.

직장에서나 집에서나 인간관계가 핵심

인간관계는 직장생활을 잘하는 핵심 요소이기도 하다.

《프레임》의 저자 최인철 서울대 교수는 37개국 직장인을 대상으로 행복에 영향을 미치는 요인을 분석한 결과, 가장 영향력이 큰 변수는 급여가 아닌 직장 내 인간관계였다고 말한다. 그중에서도 상사와의 관계가 핵심이었다. 여러 설문조사에서 퇴사하고 싶은 이유 1위도 직장 내 인간관계로 나타났다. 일보다 힘든 것이 인간관계다.

일이 아무리 많고 힘들어도 마음 맞는 사람들과 함께라면 큰 문제없다. 하지만 퇴사 유발 '오피스 빌런(악당)'을 매일 일터에서 마주쳐야 한다면 사정은 달라진다. 근무 시간에 화장실 가거나 커피 한잔하려는 것도 온갖 눈치 주고, 성과에 미치지 못하면 고래고래 큰 소리로 망신을 주거나, 과실은 따 먹고 책임은 전가하는 최악의 상사와 함께하는 사람들은 하나같이 '살기 위해' 사표를 던진다. 업무가 힘든 것은 참을 수 있어도 불편하고 부당한 인간관계는 참을 수 없는 것이다.

원만한 인간관계는 노년의 행복에 큰 영향을 미친다. 마음을 나눌 사람이 없어 하루하루를 외롭게 보내야 한다면 돈이 아무리 많은

들 무슨 소용이 있겠는가. 60대에 접어들면 대부분 상실을 경험한다. 부모님 등 사랑하는 사람들을 먼저 떠나보내기도 하고, 이미 은퇴한 터라 다녔던 직장 동료들과의 만남의 횟수도 점차 줄어든다. 더 큰 문제는 체력과 감각 저하 등으로 예전처럼 다른 사람들과 활발하게 소통하지 못하는 데 있다. 자연스레 새로운 친구를 사귀거나 기존의 친구를 유지하기 어려운 상황에 놓일 수도 있다. 이렇게 해서 찾아온 외로움, 고독은 건강에 치명적이다.

담배나 술만큼 해로운 고독

미국암학회 연구에 따르면 50세 이상 암 생존자 3450명을 대상으로 외로운 정도에 따라 4개 그룹으로 나눠 사망률을 비교한 결과, 외로움의 정도가 크든 작든 외로움을 느끼는 암 생존자는 외롭지 않은 암 생존자보다 사망 위험이 높은 것으로 나타났다. 외로움이 암 생존자의 예후를 나쁘게 만드는 것은 적대감, 스트레스, 불안 같은 부정적인 감정이 커지면서 흡연·음주·신체활동 감소로 이어질 수 있기 때문이다. 고립과 외로움은 하루에 담배 15개비를 피우거나 알코올중독에 걸리는 것만큼이나 건강에 해롭다는 연구 결과도 있다.

고독은 선진국들이 국가적으로 대처할 만큼 심각한 사안이다. 영국은 지난 2018년 세계 최초로 '고독부'를 신설하고 장관을 임명했다. 전체 인구 6,600만 명 중 약 900만 명이 고독을 느끼는데 600만명은 고독을 감춘다는 보고서가 발표되면서, 고독은 국가가 나서서 해결해야 할 심각한 문제라는 공감대가 형성됐다. 노인들의 고독사가 심각한 수준인 일본도 2021년 초 내각에 '고독·고립 담당 장관'을 임명해 대처하고 있다.

이처럼 인간관계는 인생의 성공과 행복에서 빠질 수 없는 조건이다. 인간관계는 성공과 행복의 공통분모이다. 노년이 외롭지 않고 행복하게 늙으려면 대인관계를 잘해야 한다.

나의 안부를 물어봐 줄 사람

노년에 가족만큼이나 외로움을 달래줄 수 있는 사람이 친구다. "오늘 하루가 어땠냐?"며 관심 두고 물어봐 주는 친구가 있다면 행복한 것 아닌가. 이런 친구들로 이뤄진 관계망까지 확보하고 있다면 무슨 문제가 있으랴.

당장 이런 친구가 없어도 걱정할 일이 아니다. 커뮤니티에 관심을 가져 보자. 교회나 성당, 절을 찾을 수도 있고 취미를 같이하는 동호회에 가입하면 된다. 공통의 관심사로 새로운 친구를 얻고 소통하며 얻는 기쁨과 행복감은 노년의 삶을 더할 나위 없이 풍요롭게 한다.

데일 카네기는 그의 《인간관계론》에서 사람에게 호감을 얻는 비결로 여섯 가지를 꼽았다.

- 다른 사람에게 진심으로 관심을 기울여라
- 미소를 지어라
- 상대방에게는 그의 이름이 다른 사람의 입에서 나오는 가장 달콤하면서도 가장 중요한 말이라는 점을 명심하라
- 잘 들어라. 상대방이 스스로에 대해 말하도록 이끌어라.
- 상대방의 관심사에 관해 이야기하라
- 상대방이 인정받고 있음을 느끼게 하라. 그리고 진심으로 칭찬하라

여섯 가지를 다 실천하기 어렵다면 세 가지만 기억하자. 잘 웃고, 잘 듣고, 칭찬만 잘해도 상대방의 호감을 얻고 행복한 노후를 보낼 수 있다.

함부로 인연을 맺지 마라

잊지 말아야 한 것은 인간관계를 억지로 엮을 필요는 없다는 점이다. 순수한 마음으로 만나다 보면 별별 사람을 다 겪게 된다. 온갖 미사여구와 함께 다정다감하고 친절하게 대하다 관계가 형성되면 이를 악용하는 사람을 접할 수도 있다. 이런 사람과는 과감하게 관계를 끊어야 한다.

"함부로 인연을 맺지 마라.
진정한 인연과
스치는 인연은 구분해서
인연을 맺어야 한다.

진정한 인연이라면
최선을 다하고
스치는 인연이라면
지나쳐 버려야 한다.

헤프게 인연을 맺으면
진실한 인연을 만나지 못하고

어설픈 인연으로 고통을 받는다.

사람에게 받는 고통은
진실 없는 사람에게
진심을 쏟은 대가로 받는 벌이다.

진심은 진실한 사람에게만 쏟아야 한다."

법정 스님의 말씀이다. 나이 들수록 함부로 인연을 맺지 말자. 외
로움에 자칫 흔들리기 쉬운 노년에는 관계 수가 아니라 관계의 질이
훨씬 중요하다.

은퇴 후 '지위'는 돈이 결정한다

현직에서 물러난 지 벌써 3년이 된 50대 후반의 K씨.

그는 현재 가끔 홀로 산에 오르는 것 외에 특별한 활동을 하지 않는다. 은퇴 직후에는 두세 달에 한 번씩 만나는 친구들 등산 모임에 적극적으로 나갔다. 현직에 있을 때 자주 못 봤던 친구들을 만나는 시간은 더없이 소중했다. 산에서 내려온 뒤 막걸릿잔을 주고받으며 학창 시절 얘기를 나누다 보면 몇 시간이 훌쩍 지나갔다. 퇴직 후 단절된 인간관계를 친구들과 만남으로 해소할 수 있었다.

하지만 2년여 동안 만남이 이어지면서 원치 않았던 상황이 생겼다. 분위기에 휩싸여 떠밀리듯 골프 모임에도 참여하게 된 것이다. 필드에 나가는 횟수가 늘어날수록 비용 부담이 커졌다. K 씨는 아직 대학에 다니는 아들이 있다. 국민연금을 받으려면 5년을 더 기다려야 한다. 퇴직금으로 버티고 있지만 하루하루가 불안할 수밖에 없다. K씨는 결국 친구들 모임에 더 이상 나가지 못했다.

K씨에게 문제는 돈이었다.

나이 들수록 꼭 필요한 돈

은퇴하거나 나이 들어 잘 지내려면 무엇이 중요할까? 인간관계, 취미, 건강, 돈 등을 꼽을 수 있을 것이다.

다른 사람과 관계는 노년의 행복에 가장 큰 영향을 미치는 요소다. 친구들과 나누는 대화는 노년의 시름을 잊게 한다. 형제간에 서로 위하고 챙기며 잘 지내도 행복도는 올라간다. 같은 아파트에 살며 부부간에 정기적으로 식사하는 등 이웃과 좋은 관계를 유지하며 지내도 행복 호르몬은 왕성하게 분비된다.

많은 연구 결과는 다른 사람과 얼마나 원만하게 지내는지가 노년 행복에 가장 큰 영향을 미친다고 말한다. 취미도 빼놓을 수 없다. 취미가 없다면 은퇴 후 갑자기 불어난 시간을 감당할 수 없다. 자기에게 맞는 취미를 즐기면 노년이 즐겁다. 건강은 두말할 필요 없이 중요하다. 아무리 친구가 많고 취미 부자라도 건강이 좋지 않으면 의미 없다.

인간관계나 취미도 돈이 없으면 지속하기 힘들다.

돈이 있으면 여러 사회활동을 통해 새로운 사람들을 만날 수 있다. 하지만 돈이 없으면 힘들다. 설령 만난다 해도 K 씨처럼 계속 어울리기 어렵다. 동창회나 당구, 골프 모임이든 만남에는 반드시 돈이 들어가기 때문이다. 건강을 유지하는 데도 돈이 필요하다. 나이 들면 이곳저곳 아픈 데가 생기기 마련이다. 정형외과를 가보라. 주중과 주말, 오전과 오후를 가리지 않고 온종일 환자들로 붐빈다. 허리, 무릎, 어깨, 목 질환으로 병원을 찾은 중장년 이상 연령층이 대부분이다. 아무리 관리를 잘해도 나이 들면 누구나 퇴행성 질환에 걸린다. 돈 없이 건강한 삶을 유지하며 살기 힘들다.

생계조차 위협받는 노인빈곤의 현실

우리나라 2021년 노인빈곤율(43.4%)은 경제협력개발기구(OECD) 회원국 평균(15.3%)을 크게 상회한다. 노인자살률 역시 OECD 회원국 평균보다 3배가량 높다. 모두 불명예 1위다. 전문가들은 노인자살률이 높은 원인이 40%가 넘는 노인빈곤율과 밀접한 관련이 있는 것으로 보고 있다.

2023년 12월 보건복지부가 내놓은 〈2023년 폐지 수집 노인 실태

조사〉결과에 따르면 생계유지 등을 이유로 폐지를 줍는 65세 이상 노인이 4만 2,000명에 달한다. 이들은 일주일에 6일, 하루에 5시간 넘게 폐지를 주워도 한 달에 고작 16만 원을 손에 쥐었다. 폐지수집 노인에 관한 정부 차원의 첫 실태조사였다.

조사는 전국에 있는 고물상 4,282곳 중 지역 대표성을 가진 105곳을 표본 추출한 뒤 이곳에 폐지를 납품하는 노인의 수를 확인해 전국 단위 규모를 추계했다. 조사 결과 폐지수집 노인의 평균 연령은 76세이며 75세 이상이 57.8%를 차지했다. 이들은 하루 5.4시간, 일주일 평균 6일의 폐지수집으로 한 달에 15만 9,000원을 벌었다. 시간당 수입으로 따지면 1226원으로 최저임금(2023년 기준 9620원)의 12.7%에 불과했다.

폐지 1kg당 가격(2023년 기준)은 한국환경공단 집계 기준 74원으로, 리어카 가득 100kg를 채워도 8,000원이 안 된다. 폐지수집 노인은 '생계비 마련'(53.8%), '용돈이 필요해서'(29.3%) 등 대부분 경제적 이유로 폐지를 주웠다.

텅 빈 지갑이 가장 큰 상처를 입힌다

퇴직 후 후회 없는 삶을 위해서는 이를 뒷받침할 수 있는 '돈', 다시 말해 재정적 여력을 갖추는 것이 가장 중요함을 보여준 설문 조사 결과도 있다. 2023년 7월 미래에셋투자와연금센터는 생애 주된 직장에서 퇴직한 50세 이상 남녀 400명을 대상으로 실시한 '퇴직 전 미리 준비하지 못해 가장 후회가 되는 것'이라는 설문조사 결과를 공개했다.

이 결과에서 전체 응답자 가운데 37.5%(150명)가 '재정 관리'에 대한 준비가 미흡했던 것을 가장 후회한다고 답했다. 재정(finance)은 금융이라는 단어로 바꿔 쓸 수 있기에 재정관리는 금융 관리, 곧 돈 관리라는 얘기다. 두 번째로 많은 선택을 받은 것은 퇴직 후 일자리 계획 및 준비(98명, 24.5%)였다. 퇴직하고도 계속할 수 있는 일을 마련해 두지 못한 것을 후회한 것. 이 역시 돈 관리와 관련된다. 또 취미·여가 계획 및 준비와 관련해서도 이를 즐길 만한 여유 자금을 마련해 놓지 못한 것을 후회했다.

율곡 이이는 '노년 빈곤'을 '중년 상처' '초년 출세'와 함께 인생의 3대 불행으로 꼽았다.

"사람을 상처 입히는 세 가지가 있다. 번민, 말다툼, 텅 빈 지갑이다. 이 중에서 텅 빈 지갑이 가장 큰 상처를 입힌다."

《탈무드》에 나오는 말이다. '텅 빈 지갑'은 은퇴 후 노인에게 치명적이다. 젊었을 때는 앞으로 나아지리라는 희망을 품을 수 있지만, 은퇴한 노년은 그런 희망을 품기에도 벅찬 시기이기 때문이다.

사회적 지위가 주는 높은 안정감과 자존감도 은퇴 전에나 통하는 얘기다. 은퇴하고 지위가 없어지면 '동네 아저씨', '동네 아줌마'일 뿐이다. 은퇴 후에는 돈이 더 중요하다. 모임에서 지갑을 열지 않는 '부장님', '교수님', '판사님'은 필요 없다. 과거의 지위보다 지금 얼마나 돈을 낼 수 있느냐가 더 중요하다. 지갑을 열고 '신사임당'을 내느냐, '세종대왕'을 내느냐에 따라 그 사람의 '지위'가 새로 결정된다.

알베르 카뮈는 "당신이 아무리 불행한 부자라 할지라도, 가난한 자보다는 행복하다. 가난해도 행복할 수 있다고 설파하는 것은 일종의 정신적 허영이다"라고 말했다. 버나드 쇼는 "돈의 결핍이 모든 악의 근원이다"고 했고, 장 자크 루소는 "돈은 자유로워지기 위한 수단이다"라고 말했다.

은퇴 후에도 건강을 유지하며 하고 싶은 취미활동을 하고 싶은가? 은퇴 후에도 친구·지인들과 지속해서 인간관계를 이어가고 싶은가? 은퇴 후에도 높은 안정감과 자존감을 누리고 싶은가? 그렇다면 당장 통장 잔고부터 확인해 보자.

평생 현역으로 살려면?

"은퇴 전의 삶이 타인을 위해 산 시간이라면 은퇴 후의 삶이야 말로 진정 자신의 것이며 은퇴 후의 시간은 은퇴 전의 시간보다 3 배의 값어치가 있다."

14세부터 36년간이나 회계사무실에서 일하다 50세에 퇴직한 영국의 수필가 찰스 램(1775~1834). 그가 은퇴 후 삶에 대해 한 말이다. 찰스 램은 "신문이란 것을 집어 들었다면 그것은 오페라 사정이나 알아보기 위함이다. 일은 끝나버린 것이다. 이 세상에 와서 해야할 일은 모두 끝마쳤다. 내게 할당된 노역을 마쳤으니 남은 날은 나자신의 것"이라고도 했다.

수십 년 동안 남을 위해 살다가 이제부터 삶을 마감할 때까지 남은 날은 오롯이 자기 자신의 것이라는 그의 말에 전적으로 공감한다. 그가 수십 년 동안 온갖 힘든 일을 견디며 인고의 삶을 살아왔을 것으로 생각하니 동병상련의 감정이 생기기도 한다. 문제는 '그의 말이 지금 우리 사회에도 유효할까'라는 점이다. 약 300년 전, 59살에 그가 생을 마감한 당시와 오늘날의 세상은 국가를 불문하고, 천양지차다.

은퇴는 끝이 아니라 다른 일로 옮기는 과정

불과 반세기 전만 해도 우리에게 은퇴기라는 개념은 존재하지 않았다. 운 좋아 환갑잔치를 하고 나면 얼마 있지 않아 삶을 마감했다. 지금은 어떤가. 자식·친지·친구들 다 모인 자리에서 환갑 잔칫상 받는 사람이 있을까. 주위를 아무리 돌아봐도 찾아볼 수 없다. 20년 전 40줄에 들어서자, 사람들은 이제 반 살았다고 했다. 10년의 세월이 흘러 50줄에 들어서자, 또 반 살았다고 했다. 100세 시대가 됐다는 말이다. 60줄에 들어선 이제는 '재수 없으면 120세까지 산다'는 말도 들린다.

이렇게 수명이 크게 연장되면서 적어도 30년이나 되는 은퇴기가 새로 생겨났다. 인생 2막을 대비하지 않으면 안 되는 세상이 된 것이

다. '은퇴 전문가'인 김경록 전 미래에셋은퇴연구소 소장은 자신의
저서《벌거벗을 용기》에서 "은퇴는 인생에서 완전히 물러나는 게 아
니라 하나의 일을 종결하고 다른 일로 가는 과정이다"며 "은퇴를 긍
정적으로 볼 필요가 있다. 영어로 은퇴(retire)를 '타이어를 새로 바꾼
다'는 're-tire'로 해석하는 것도 A에서 B로 옮겨간 과정에 초점을 맞
춘다"라고 말한다. 그러면서 "나에게 투자하되 초점을 맞춰 특기를
하나 만들면 좋다. 주된 직장에서 물러난다고 해서 인생의 활동이
끝난 것이 아니다. 자신에게 투자해서 은퇴로부터 은퇴하기를 바란
다"고 조언한다. 아마추어같이 이것저것 취미처럼 하지 말고 하나를
깊이 파고드는 프로페셔널한 태도로 자기를 갈고닦아 '은퇴'에서 벗
어나라는 것이다.

은퇴 후 '변화관리전문가'로 활동하고 있는 최재식 전 공무원연
금공단 이사장도 비슷한 맥락에서 충고를 아끼지 않는다. 저서《제3
기 인생 혁명》에서 "현역 시절에 열심히 일한 대가로 인생의 마지막
3분의 1을 편히 지내려는 것이 지나친 욕심일 수는 없다. 하지만 같
은 조건이라면 일하는 노년이 훨씬 더 아름답다. 더구나 연금만 받
고 무작정 논다면 연금 비용을 부담하는 현역 세대들에게 부담만 지
우는 미운 존재로 비칠 수 있다. 현금보다 중요한 것은 자신만의 일
을 갖는 것이다"라고 강조한다.

평생 현역으로 사는 방법은?

은퇴는 끝이 아니라 새로운 삶을 위한 도전이다. 그렇다면 평생 현역으로 사는 방법은 없을까. 평생 직업을 어떻게 찾을 수 있을까. 이에 대해《내 인생 최고의 직업은?-내가 찾은 평생직업, 인포프래너》의 저자 송숙희 작가의 조언은 귀를 쫑긋 세우게 한다. 대학 졸업 후 줄곧 방송, 잡지, 출판 등 레거시 미디어에 몸담고 일하다 20여 년 전 '인포프래너'라는 낯선 길에 들어선 그는 평생 현역으로 살 수 있는 최고의 직업을 찾는다면 자신처럼 '인포프래너'가 되라고 강력하게 권한다.

인포프래너라니, 도대체 뭘까? 송 작가에 따르면 인포프래너는 한마디로 지식 · 정보를 파는 1인 기업가다. 정보(Infomation)란 말에 기업가(Entrepreneur)란 말을 더해 만든 새로운 말로, 한 전문 분야의 지식이나 정보기술 · 노하우를 상품화해 팔거나 서비스하는 일을 한다. 전직의 경험이나 재능을 살려 책을 쓰거나 강연하고, 코치나 컨설턴트로서 그 경험과 재능을 전수하는 직업군을 이른다. 블로거나 유튜버 모두 이에 해당한다.

인포프래너의 세계를 소상히 다룬《내 인생 최고의 직업은?-내가 찾은 평생직업, 인포프래너》에서 송 작가는 인포프래너가 되는 데 창업비용도 운영 자금도 한 푼도 필요 없다고 말한다. 살아온 시간,

일해 온 경험이 창업비용이고 운용 자금이기 때문이다. 그러니 망할 위험도 절대 없다.

송 작가는 인포프래너가 되어 평생 현역으로 살자고 제안한다. 그는 "인포프래너에 도전하는 것이 제2의 인생, 인생 후반전을 대비하기 위해 우리가 할 수 있는 일 가운데 가장 현실적이고 효율적이며, 큰 성과를 낼 방법임을 스스로 한 경험을 통해 너무 잘 알기 때문에 가능한 제안이다"고 설명한다. 그러면서 "이미 은퇴했다면 지금 당장 인포프래너로 시작할 것, 아직 은퇴하기 전이라면 훗날 인포프래너로 변신하기 위해 지금 하는 일을 충실히 해내라"고 힘주어 말한다.

나는 송 작가를 15년 전쯤 만난 적이 있다. 서울 신문로에 있는 한 찻집에서다. 이런저런 애기를 하다 불쑥 "퇴직 후 뭘 할 것인지 생각해 본 적 있느냐"라고 물었다. 나는 "아직은…"이라고 말을 흐렸다. 내 관심사를 추가로 묻더니 원한다면 퇴직 후 명함에 나를 표현할 수 있는 브랜드 네임을 선물해 주겠다고 했다. '송숙희／돈이 되는 글쓰기 코치'처럼 자기를 설명하는 강력한 한마디, 즉, 브랜드 네임이 중요하다고 강조하면서.

나는 고맙기도 했지만, 다른 한편으로 퇴직까지 아직 긴 시간이 남아 있다는 생각에 미소만 지었다. 후회막급(?)이다. 세월이 이렇게 빨리 지나갈 줄 몰랐다. 송 작가는 글쓰기 · 책쓰기 교실 등을 운영하며 약 50권에 달하는 책을 냈고, 자기 경험과 지식 콘텐츠를 강연 · 워크숍 · 코칭 등 다양한 경로로 사람들과 나누고 있다. 정신없이 바쁠 걸 생각하면 연락하기도 주저하게 된다. 대신 그가 최근 펴낸《백만장자 작가수업》등 책을 통해 많은 시간 만나고 있다. 인생 2막을 차분하게 준비하는데 송 작가의 책이 큰 도움이 됐음은 물론이다. 인포프래너를 꿈꾸며 지금, 이 순간 글을 쓰고 있으니 말이다.

은퇴를 한탄하며 하는 일 없이 막연하게 세월을 낭비하다 생의 마지막이 돼서야 '이렇게 오래 살 줄 알았더라면'하고 후회할 것인가. 아니면 새로운 도전으로 활기 넘치는 노년을 보내다 웃으며 세상과 작별 인사를 할 것인가. 선택은 당신 몫이다.

"냅뒀더니 다 뒤졌어"

"107년을 살면서 형님 막 씹은 사람도 있고, 욕하고 음해하고 나쁜 놈이라고 하는 사람도 있고 그랬을 텐데, 어떻게 그런 걸 다 참고 107년을 살았어요? 성격도 좋아~"

"간단허지라~ 냅뒀더니 다 뒤지데~ 나 욕하던 놈들 80에 죽고 90에 죽고 다 죽었어."

'뽀빠이'로 널리 알려진 방송인 이상용 씨. 그가 한 방송에 나와 107세 된 노인과 인터뷰 한 것이라며 전한 말이다.

107년을 살 동안 자신을 욕하고, 없는 말을 지어내 험담하던 사람들을 맞상대하지 않고 내버려뒀더니 다 죽더라니. 이 말을 듣는 순간 처음엔 웃음을 참지 못했다. 걸쭉한 사투리가 먼저 웃음을 자아냈기 때문이다. 하지만 이내 할아버지 말씀에 100년을 훌쩍 넘게 사신 어르신의 소중한 인생 교훈이 녹아 있다는 생각이 들며 눈이 번쩍 뜨였다. 수많은 뒷말과 음해, 험담에도 민감하게 반응하지 않고 둔감하게 사는 게 지혜로운 삶의 태도라는 가르침 말이다.

사람은 살아가는 동안 누구나 억울한 일을 당하기 마련이다. 어떤 조직에서든 이유 없이 자신을 싫어하는 사람도 있다. 나도 지금까지 억울한 일을 겪었고, 나를 뒤에서 욕하는 사람도 만났다. 이상용 씨는 자살을 생각할 정도로 억울한 일을 겪었다. 그는 〈우정의 무대〉로 절정의 인기를 누리던 중 심장병 어린이 수술 기금을 횡령했다는 누명을 썼다.

나중에 무죄 판결을 받았지만 이미 방송인으로서 돌이킬 수 없는 치명상을 입었다. 경제적으로도 극심한 고통을 겪어야 했다. 먹고 살기 위해 미국으로 건너가 온종일 관광 가이드를 하면서 버티고 또 버텼다. 훗날 이상용 씨는 자살을 10번도 넘게 생각할 만큼 큰 고통을 받았다고 고백한 적이 있다. 이상용 씨는 이런 험한 꼴을 당했기 때문에 할아버지에게 '지금까지 어떻게 이것저것 다 참고 107년을 사셨냐?'라고 게 물었던 게다. "냅뒀더니 다 뒤지데~" 할아버지가 답한 이 말은 '그냥 내버려뒀더니 시간이 되면서 다 죽더라'는 것이다. 그냥 두면 시간이 해결해 줄 것을, 우리는 그토록 애쓰며 살고 있는 건 아닌지….

때로는 둔감할 필요도 있다

누가 나를 괴롭히거나, 씹을 때 둔감하게 반응하면 어떨까?

소설 《실락원》의 작가이자 의사인 와타나베 준이치는 《둔감력》의 저자로도 유명하다. 그는 "호되게 혼이 나도 주눅 들지 않고 금세 활기를 되찾는 둔감함이야말로 자신의 재능을 꽃피울 수 있는 능력"이라고 했다. 또 "남에게 안 좋은 소리를 들어도 깊이 고민하지 않고 뒤돌아서자마자 잊는 사람은 건강하다. 정신적으로나 신체적으로나 모두 말이다. 좋은 의미의 둔감함이 마음을 안정시키고, 나아가 혈액 순환도 원활하게 유지해 주기 때문이다"라고 했다.

그는 자신이 말하는 둔감력이란 긴긴 인생을 살면서 괴롭고 힘든 일이 생겼을 때, 일이나 관계에 실패해서 상심했을 때, 그대로 주저앉지 않고 다시 일어서서 힘차게 나아가는 그런 강한 힘을 뜻한다며 이렇게 글을 맺는다.

"민감하거나 날카로운 것만이 재능은 아닙니다. 사소한 일에 흔들리지 않는 둔감함이야말로 살아가는 데 가장 중요하고 기본이 되는 재능이죠. 예민함이나 순수함도 밑바탕에 둔감력이 있어야 비로소 진정한 재능으로 빛날 수 있다는 사실을 기억하시기 바랍니다."

니체도 사람을 대하는 데 둔감함이 필요하다고 말한다.

"늘 민감하고 날카로울 필요는 없다. 특히 사람과의 교제에서는 상대의 어떤 행위나 사고의 동기를 이미 파악했을지라도 모르는 척 행동하는 일종의 거짓 둔감이 필요하다. 말은 가능한 한 호의적으로 해석해야 하며, 상대를 소중한 사람인 양 대하되 결코 이쪽이 일방적으로 배려하는 것처럼 보이지 않아야 한다. 마치 상대보다 둔한 감각을 가진 듯이. 이것이 사교의 요령이며, 사람에 대한 위로이기도 하다."

'그러려니' 하며 살자

비판적인 사람은 어디에나 있기 마련이다. 모든 사람과 다 잘 지내야 하는 건 아니다. 그럴 수도 없다. 드라마 〈블랙독〉을 보면 이런 대사가 나온다.

"2:6:2 법칙이라는 게 있다. 열 사람이 모이면 그중에 둘은 날 좋아하고, 여섯은 내게 관심이 없고, 나머지 둘은 날 싫어하기 마련이라는 자연의 법칙. 하지만 이 법칙을 알면서도 난 여전히 뒤에서

203

오래도록 날 미워하는 사람을 대가 없이 돕고, 발 뻗고 잘 만큼 평
안하지 못하다."

나를 좋아하는 사람도 있고, 아예 무관심하거나, 싫어하는 사람
도 있다. 하지만 이런 사실을 알고도 발 뻗고 잘 만큼 평안하지 못하
다면 자기만 손해 아닌가.

"인생은 축제다. 즐겁게 살지 않는 것은 죄다. 나를 괴롭히는 사
람들에 대한 최대의 복수는 그들보다 행복해지는 것이다. 그들의
귀에 나의 행복한 웃음소리를 들려주는 것이다."

무라카미 류의 자전적 소설 《69 식스티 나인(sixty nine)》에 나오는
말이다.

사회생활을 하다 보면 자신에게 관대하고 유독 남에게 엄격한 잣
대를 들이대며 마음을 들쑤시는 사람들이 있다. 그런 사람에게 상처
받았을 때, 둔감하게 '그러려니' 하면 어떨까. 수많은 뒷말과 음해,
험담에 민감하게 반응하지 않고 둔감하게 '그러려니' 하면 어떨까.
냅두면 다 뒤질 테니까.

자식·돈·자기 자랑은 절대 금지

"해외여행하고 있는데 맛난 것 먹고 있다", "아내 음식 솜씨가 기막히게 좋다", "남편이 나를 끔찍하게 사랑해 준다", "멋진 한강 풍경을 볼 수 있는 아파트에 살고 있다"….

스마트폰과 인터넷을 이용한 각종 SNS를 통해 자신을 드러내거나 과시하는 모습을 일상적으로 접한다. '겸손'이 차지하고 있던 자리에 '자랑'이 떡하니 들어선 지 오래다. 남이 알아주기를 기다리기보다 적극적으로 자신을 알리는 게 필요하기 때문이다. 내가 나를 홍보하는 SNS 시대의 불가피한 모습이다.

시도 때도 없이 늘어놓는 자랑도 가지가지다. 일 자랑, 아내 자랑, 자식 자랑, 돈 자랑, 자기 자랑, 손주 자랑. 지식 자랑, 외모 자랑,

심지어 애완견 자랑까지 끝도 없다.

이 중 특히 나이 먹어서 하지 말아야 할 자랑 셋을 꼽으라면 자식·돈·자기 자랑이다. 사람들을 대하다 보면 묻지도 않았는데 흔히 듣게 되는 게 이 세 가지 자랑이다. 노인정에서는 이런 자랑에 손주 자랑까지 더해져 말다툼이 빈번하게 일어난다.

자랑을 역효과가 크기 쉽다

부모님들은 왜 그렇게 자식 자랑에 열을 올릴까?

자식 자랑을 통해 자신을 과시하고 싶어서다. 자기의 학벌이 부족하다 싶으며 자식의 일류대 합격을, 자신의 직업에 만족하지 못한 삶을 살았다면 자식이 의사인 것을, 자기가 경제적으로 여유롭게 살지 못했다면 자식이 사업에 성공한 것을 입에 침이 마르도록 자랑한다.

곰곰이 생각해 보자. 자식이 잘되기를 바라는 것은 모든 부모의 공통된 바람이다. 하지만 그런 바람이 모두에게 이루어지는 것은 아니다. 자기 자식이 잘되었다고 해서 자랑하면 그렇지 못한 자식을 둔 사람에게는 상처를 입히는 꼴이 된다. 치열한 경쟁사회다. 상대적으로 잘 되지 못한 자식을 둔 부모가 훨씬 더 많을 수 있다. 자식 자랑이 십중팔구 다른 사람에게 상처를 줄 수 있는 환경이다. 2400

년 전에도 부모의 자식 자랑은 지금과 크게 다르지 않았던 모양이다. 철학자 플라톤은 이런 맥락에서 자식 자랑을 절대 하지 말라고 했다.

자식 자랑은 부부 사이에서만 해도 부족하지 않다. 다른 사람들 앞에서 자식 자랑을 하지 않는다고 해서 그 자식의 자랑거리가 사라지는 게 아니다.

돈도 마찬가지다. 재산이 많은 것은 좋은 것이다. 그러나 재산 역시 부를 쌓지 못한 사람에게는 상처를 입히게 된다. 자신의 부를 상대에게 자랑하는 순간 그것은 시기와 질투의 대상이 된다. 힘들게 쌓아 올린 인간관계도 한순간에 허물어질 수 있다. 주식으로 돈 벌었다는 자랑이 결국 허망하게 끝나는 경우도 비일비재하다. 한참 수익을 내고 있을 때는 주식해서 큰돈을 벌었고, 번 돈으로 고급 차를 사고 아파트 평수도 넓혔다고 자랑한다. 하지만 주식 투자가 그렇게 만만한 일인가? 한동안 그렇게 자랑하던 주식 이야기는 어느새 자취를 감춘다. 알고 보면 손실을 크게 봐서다.

자기 자랑은 또 어떤가. 왕년에 자신이 대단한 사람이었다며 사람들과 만난 때마다 자랑하는 이들이 있다. 과거 대기업에서 임원을 했든, 정부 부처의 고위 관직에 있었든 모두 지난 일이다.

과거 회사를 위해, 나라를 위해 열심히 일해 공적을 세운 것은 모두 명예로운 것이다. 하지만 과거의 명예를 자기 입으로 떠벌이는 순간 그 명예는 사라진다. 대신 '입이 가벼운 사람'이라거나 '자기 과시욕이 강한 사람'이라는 불명예스러운 딱지가 붙게 된다.

장점은 저절로 드러나기 마련

낭중지추(囊中之錐)라는 말이 있다. '주머니 속에 있는 송곳'이란 뜻으로, 주머니 속의 송곳이 결국 주머니를 뚫고 존재를 드러내듯 재능이 아주 빼어난 사람은 숨어 있어도 저절로 사람들에게 알려진다는 말이다. 진짜 뛰어난 사람은 누군가에게 말하지 않아도, 자랑하지 않아도 시간이 지나면 재주가 저절로 드러나기 마련이다. 자랑거리가 차고 넘치는 데도 자신을 낮추고 일부러 드러내지 않으려는 사람도 있다. 세상은 그런 사람의 인격과 인간성을 높이 평가한다.

공자는 "남이 나를 알아주지 않음을 걱정하지 말고(不患人之不己知) 내가 남을 알아주지 못함을 걱정하라(患不知人也)"라고 했다. 노자도 "스스로 자랑하는 자는 공이 없고(自伐者無功), 스스로를 으스대는 자는 오래가지 못한다(自矜者不長)"라고 했다.

본인 입으로 하는 자랑은 부작용만 낳는다. 남의 입을 통해 들려오는 칭찬이 부작용은 없고 약효는 뛰어난 진짜 자기 자랑이다. 우리 속담에 "입찬소리는 무덤 앞에 가서 하라"는 말이 있다. 자기를 자랑하며 장담하는 것은 죽고 나서야 하라는 뜻으로, 쓸데없는 장담은 하지 말라는 말이다. 아인슈타인은 "자랑은 본질을 잃게 한다"고 했고, 헤밍웨이는 "자랑은 인생의 결점을 가리고, 겸손은 그것을 치유한다"라고 했다.

"내가 누군데, 내가 얼마나 돈이 많은데, 내 자식이 얼마나 훌륭한데"라고 자랑하기에 앞서, 내 주변 다른 사람의 사정과 능력도 살펴 배려하고 존중해 줄 줄 알아야 한다. 그래야 노인정에서든 어떤 모임에서든 다툼이 일어나지 않고, 미움받지 않고, 관계를 오래 이어갈 수 있다.

지나간 일은 잊어라

파증불고(破甑不顧)

　중국 후한말의 학자이자 사상가인 곽태(郭泰)와 삼공(三公)의 지위에까지 오른 맹민(孟敏)의 고사에서 유래한 사자성어다. 어느 날 맹민이 시루를 등에 짊어지고 가다 땅에 떨어뜨려 산산조각을 내고 말았다. 보통 사람 같으면 깨어진 옹기 조각을 끌어안고 탄식할 만한데 맹민은 뒤도 돌아보지 않고 태연하게 앞으로 갔다. 산보하다 우연히 이를 본 곽태가 의아해 물으니, 맹민은 "시루가 이미 깨졌는데 돌아본들 무슨 소용이 있겠습니까"라고 답했다.

　파증불고는 문자 그대로 '깨진 시루는 돌아보지 않는다'는 말이다. 이미 지나간 일이나 만회할 수 없는 일에 미련을 두지 않고 깨끗

이 단념하는 것을 비유하는 뜻으로 사용된다.

후회는 아무런 소용이 없다

축구 경기에서 승패를 가르는 자책골을 심심치 않게 본다. 진 팀의 관중석에서는 거센 야유가 터져 나오고, 본의 아니게 팀에 패배를 안긴 선수는 고개를 떨군다. 순간의 화를 못 참고 상대방의 역린을 건드린 말 한마디로 10, 20년 쌓은 인간관계가 허물어지는 경우도 주변에 숱하다. '그 순간만 참았더라면…'라고 자책하며 후회하지만 이미 닫은 상대방의 마음을 다시 열 수는 없다.

이처럼 살다 보면 누구나 자신이 저지른 잘못과 실수를 자책할 때가 많다. 놓친 기회를 두고두고 아쉬워하며 잠 못 이룰 때도 있다. 하지만 돌이킬 수 없는 지나간 일에 집착해 봐야 얻을 수 있는 건 없다. 헛심 들고 시간만 낭비할 뿐이다. 과거는 닫아둬야 한다. 과거는 이미 갔고, 더 이상 아무것도 할 수 없기 때문이다.

> "세상에서 가장 소중한 선물은 과거도 아니고 미래도 아니다. 세상에서 가장 소중한 선물은 바로 현재의 순간이다. 세상에서 가장 소중한 선물은 바로 지금이다."

스펜서 존슨이 그의 저서 《선물》에서 한 말이다.

뒤돌아 보지 말고 미래를 나아가라

과거는 이미 지나갔으니 바꿀 수 없고 미래는 아직 오지 않은 시간이니 우리에게 가치 있는 것은 오직 '지금', '이 순간'뿐이다. 어찌할 수 없는 과거에 집착하는 것은 정작 '세상에서 가장 소중한' 현재를 발목 잡는 어리석은 행동일 뿐이다.

흑인인권 운동을 벌이다 27년여 간을 복역했던 넬슨 만델라 전 남아프리카공화국 대통령은 "과거를 기억하되 그대로 머물지 말라. 미래를 바라보며 나아가라"라고 했다. 과거에서 교훈은 얻을 수 있어도 과거 속에서 살 수는 없다. 시인 롱펠로는 "과거를 애절하게 들여다보지 마라. 다시 오지 않는 것이다. 현재를 현명하게 개선하라. 너의 것이니. 어렴풋한 미래를 나아가 맞으라. 두려움 없이"라고 했다.

영국의 대문호 셰익스피어는 "지난 일은 어쩔 수 없는 바 슬퍼한들 이미 엎질러진 물이다"라고 했다. 복수난수(覆水難收)요, 이발지시(已發之矢)이다. 이미 엎질러진 물은 두 번 다시 주워 담을 수 없고, 쏘아 놓은 화살은 되돌아오지 않는다. '엎질러진 물'이나 '쏘아놓은 화살'처럼 만회할 수 없는 일에 집착해 봐야 아무 소용이 없다.

앞으로 나아가기 위해서는 지난 일은 과감히 잊어야 한다. 파증불고처럼 담대한 단념이 필요하다.

이 또한 지나가리라

2010년부터 서비스 중인 모바일 메신저 앱. 메시지를 보낼 때 돈을 물리지 않는 데다 모바일에서 단체 채팅을 최초로 제공해 단시일 내의 폭발적인 성장을 거듭하며 '국민 메신저'로 자리 잡았다. 카카오톡이다. 이 앱이 나온 초창기에 자신을 표현하는 문구로 가장 흔하게 볼 수 있었던 게 '이 또한 지나가리라(This Too Shall pass)'였다. 예전보다 줄어들긴 했지만, 여전히 많은 사람이 좋아하는 문구다. 어려움에 닥쳤을 때 희망을 주고, 모든 것이 잘 풀려 자만심이 가득 찰 땐 겸손한 마음을 일깨우는 마법의 문구로 여기기 때문이다.

이 말에는 정반대의 두 가지 상황이 중첩돼 있다. 그리고 두 가지 상황 모두를 경계하는 의미가 담겨있다. '기쁘고 즐거운 상황도 머지않아 지나갈 테니 너무 빠져있지 말고, 슬프고 힘든 상황도 언젠가는 지나갈 테니 너무 낙심하지 말고 의연하게 대처하라'는 게 이 말의 참뜻이다. 한마디로 일희일비하지 말라는 뜻이다.

이 말이 고통이 닥쳤을 때 아무것도 하지 않으면서 시간이 지나가기만을 기다리라는 뜻은 아니라는 점에 주목해야 한다. 지금 내 힘으로는 어찌할 도리가 없으니 두 손 놓고 어려운 때가 지나가기만을 가만히 기다리자는 뜻은 아닌 것이다. 두 팔 걷어붙이고 자기 책임과 노력을 다하며 때를 기다리면 좋은 시절이 찾아올 것이라는 게 본뜻이다.

이런 본래의 의미보다는 현재의 고통은 시간이 지남에 따라 사라지고 언젠가는 나아질 것이라는 막연한 기대만 하는 사람들도 일부 있다. 자기 역할과 노력은 도외시한 채 막연한 희망에만 기대며 살아간다면 그 사람의 미래는 어떻게 될까? 각고의 노력 없이 흐르는 시간에만 기댄다면 또다시 혹독한 겨울을 만나게 될 것이다.

걱정한다고 걱정이 없어질까?

"다들 너무 걱정하지 마라.

걱정할 거면
딱 두 가지만 걱정해라.
지금 아픈가? 안 아픈가?

안 아프면 걱정하지 말고,
아프면 두 가지만 걱정해라.

나을 병인가? 안 나을 병인가?
나을 병이면 걱정하지 말고,

안 나을 병이면 두 가지만 걱정해라.

죽을병인가? 안 죽을병인가?
안 죽을병이면 걱정하지 말고,
죽을병이면 두 가지만 걱정해라.

천국에 갈 거 같은가?
지옥에 갈 거 같은가?

천국에 갈 거 같으면 걱정하지 말고,
지옥에 갈 것 같으면 지옥 갈 사람이 무슨 걱정이냐?"

성철 스님이 "생이란 구름 한 점 일어남이요, 죽음이란 구름 한
점 흩어짐이니 있거나 없거나 즐거이 사세"라며 '걱정'에 대해 남긴
명언이다.

걱정은 대부분은 쓸데없다

쓸데없는 걱정을 나타내는 대표적인 성어로 기우(杞憂)란 말이

있다. 중국 기(杞)나라 사람이 하늘이 무너질까 봐 잠도 이루지 못하고 밥도 먹지 못하고 근심, 걱정(憂)했다는 뜻이다.

사람들은 건강, 돈, 자식, 직장, 앞날, 인간관계 등 온갖 이유로 고민하고 걱정한다. 나이가 들면 걱정이 줄어들 것 같지만 걱정의 폭과 깊이는 오히려 더 넓고 더 깊어진다. 특히 불투명한 앞날과 건강에 대한 걱정은 중장년층 세대에서 가장 두드러진다. 내 경우만 해도 친구들끼리 만나면 앞날과 건강 걱정이 대화의 대부분을 차지한다. 그런데 뭘 하느냐고 물어보면 십중팔구는 하는 것은 없다고 말한다. 그저 오늘 걱정하고 내일도 또 걱정할 뿐이다.

걱정이 어려움에 대비하는 것이라면 쓸 데가 있다. 무작정 걱정하고 근심하는 대신, 마음에 쓰이는 일을 예측하고 준비해 지혜롭게 해결한다면 걱정도 충분히 해봄 직한 것이다. 하지만 대부분은 쓸데없는 걱정에 지니지 않는다. 심지어 연예인 걱정까지 하는 경우도 있지 않은가.

캐나다 심리학자 어니 젤린스키는 저서 《모르고 사는 즐거움》에서 이렇게 말한다.

"걱정의 40%는 절대 현실로 일어나지 않는다. 30%는 이미 일어난 일에 대한 것이다. 22%는 사소한 고민이다. 4%는 우리 힘으로는 어쩔 도리가 없는 일에 대한 것이다. 4%만 우리가 바꿔놓을 수 있는 일에 대한 것이다."

걱정의 4%만이 우리가 통제할 수 있고, 나머지 96%는 통제할 수 없거나 쓸데없는 걱정이라는 것이다.

기우는 결국 기우로 끝날 테니까

"걱정해서 걱정이 없어지면 걱정이 없겠네."
티베트 속담이다. 걱정한다고 해서 걱정이 없어지지 않는다는 말이다.
그런데도 걱정하는 이유는 뭔가?《일생에 한 번은 고수를 만나라》의 저자 한근태 작가는 이렇게 말한다.

> "걱정은 한가한 사람에게 찾아온다. 별다른 걱정거리가 없기 때문에 걱정을 사서 하는 것이다. 이런 사람은 사실 걱정을 즐기는 것이다. 그런 의미에서 걱정은 일종의 사치다. 일을 만들어 보라. 그리고 그 일에 몰입해 보라. 걱정이 멀리 사라질 것이다."

걱정은 한가하고 걱정거리가 없는 사람이 사서 하는 '일종의 사치'라는 말에 고개가 끄덕여진다.

걱정과 비슷한 말로 근심이 쓰인다. 국어사전을 보면 안심이 되지 않아 속을 태우는 게 걱정이고, 해결되지 않은 일 때문에 속을 태우는 게 근심이다. 공자는 "멀리 생각하지 않으면, 늘 가까이에 근심이 있다(人無遠慮必有近憂)"라고 했다. 눈앞의 이익에 급급해 미래를 생각하지 않으면 반드시 눈앞에 속을 태울 일이 생긴다.

해결될 문제라면 속 태울 필요 없고, 해결되지 않을 문제라면 속 태워봐야 소용없다. 하늘이 무너질까 걱정해 봐야 내 몸만 상한다. 쓸데없는 일에 힘을 빼지 말고, 쓸 데 있는 일에 푹 빠져보면 어떨까. 기우는 결국 기우로 끝날 테니까.

분노는 불행을 부른다

"화가 당신을 버리는 것보다 당신이 먼저 화를 버려라. 그동안
다른 사람들을 괴롭히고 우리 자신도 괴롭히는 고통을 안겨준 화.
우리는 좋지도 않은 그 일에 귀한 인생을 얼마나 낭비하고 있는가!
화를 내며 보내기에는 우리의 인생은 얼마나 짧은가!"

고대 로마를 대표하는 철학자이자 정치인인 세네카(기원전 4~기원
후 65)의 저서 《화에 대하여》에 나오는 말이다.

화낼 일이 많은 우리의 일상

불같이 화를 내고 뒤돌아서며 "난 뒤끝은 없어"라고 자기 마음대로 '쿨'한 척 상황을 정리한다. 학교·직장·모임 등 어디에서든 이런 사람은 꼭 있다. 뒤끝이 없다고 하면 끝나는 문제인가. 사람을 잡아먹을 듯한 험악한 표정으로 퍼부은 막말에 이미 마음은 상처를 입을 대로 입었는데 말이다.

산책하러 나갔다가 사납게 짖어대며 갑자기 달려오는 개 때문에 가슴이 철렁거린다. 견주는 미안해하기는커녕 "우리 개는 물지 않는다"며 되레 당당한 표정을 짓는다. 주말을 맞아 아이를 데리고 자전거를 즐기러 나왔지만 안전 속도를 무시한 채 시속 40km가 넘나드는 속도로 폭주하듯 옆을 지나가는 자전거에 놀라 가슴을 쓸어내린다. 스트레스 해소는커녕 화만 쌓이고 다시는 자전거 페달을 밟을 엄두가 나지 않는다.

복잡한 출근길은 또 어떤가? 어깨를 부딪치거나 발을 밟아놓고도 사과 한마디 없다. 일상적으로 겪는 이런 무례한 행동에 짜증은 쌓이고 분노 게이지는 올라간다.

참지 못한 화는 대가를 치른다

화를 내야 하나 말아야 하나?

"화를 내어 승리하는 것은, 결국 지는 것"이라는 세네카의 조언은 간단명료하다. 화를 가라앉히는 최고의 방법은 화내는 것을 최대한 늦추는 것이라고 힘주어 말한다.

> "화에 대한 최고의 대책은 그것을 늦추는 것이다. 처음부터 용서하기 위해서가 아니라 심사숙고하기 위해 화의 유예를 요구하라. 화가 처음에 맹렬한 기세로 습격할 때는 타격이 크지만 조금만 기다리면 뒤로 물러선다. 한꺼번에 화의 뿌리를 뽑으려고 애쓰지 마라. 하나씩 하나씩 조금씩 뽑아서 버리면 언젠가는 전부 화를 없앨 수 있을 것이다."

순간의 화를 참지 못해 큰 대가를 치르는 경우는 비일비재하다.

2006년 독일 월드컵에서 프랑스의 지네딘 지단은 팀을 결승까지 끌어올렸다. 하지만 이탈리아의 마르코 마테라치 선수가 던진 말 한마디에 격분, 지단은 머리로 마테라치의 가슴을 들이받았다. 지단의 박치기 장면은 20년 가까이 지난 지금도 팬들의 기억 속에 생생히 남아 있다. 지단은 퇴장당했고, 프랑스는 승부차기 끝에 이탈리아에

우승컵을 내쳤다.

한국 남자 테니스 간판 권순우 선수도 2023년 열린 항저우아시안게임에서 비신사적인 행동으로 여론의 집중포화를 맞았다. 경기에서 패한 뒤 화를 이기지 못하고 라켓을 코트 바닥에 여러 차례 내리쳐 부수고, 상대 선수의 악수 제의도 거부했다. "나라 망신이다, 영원히 선수자격을 박탈하라"는 등 비난 여론이 들끓자, 권순우는 "국가대표 선수로서 하지 말았어야 할 경솔한 행동을 했다"고 고개를 숙였다.

나이 들수록 분노를 다스릴 필요가 있다

화는 특히 노년층에게 많이 나타난다. '앵그리 올드'(Angry Old)라는 단어까지 생겼다. 원인은 다양하다. 노년기에 접어들며 감정조절 세포인 세로토닌이 감소하며 자연히 쉽게 화를 낸다. 예전과 달리 신체적으로 쇠약해지고 뜻대로 이뤄지는 것도 적으니 거친 감정을 쉽사리 표출한다. 게다가 젊은 세대들의 싸늘한 시선도 대접받지 못하는 노인들의 불만과 소외감을 자극해 화를 부른다는 의견도 있다.

화를 내면 가장 손해를 보는 사람은 화를 내는 당사자다. 화를 자주 내면 인간관계가 무너지고 건강까지 위협받는다. 김수환 추기경은 "화내는 사람이 언제나 손해를 본다. 화내는 사람은 자기를 죽이고 남을 죽이며, 아무도 가깝게 오지 않아서 늘 외롭고 쓸쓸하다"라고 했다. 러시아 대문호 톨스토이는 "분노는 다른 사람에게도 재앙이지만 무엇보다 자신에게 가장 큰 화를 입힌다"고 말했다. 감정 조절과 분노 다스리기가 나이 든 사람이 갖춰야 할 중요한 덕목인 이유다.

"내가 옳다면 화낼 필요가 없고, 내가 잘못했다면 화낼 자격이 없다."

영국의 식민통치에 맞서 비폭력 저항운동을 이끌었던 인도의 정신적 지도자 마하트마 간디. 그가 남긴 명언은 특히 가슴에 와 닿는다.

물려줘야 하나,
다 쓰고 죽어야 하나

　중장년 세대가 '은밀하게' 고민하는 게 있다. 자식들 앞에 대놓고 말을 꺼내기도 그렇고, 언제까지 마음을 숨기자니 머릿속이 복잡해지는 그런 걱정거리다. 바로 '죽기 전에 가진 재산을 어떻게 할 것인가?' 하는 문제다.

　자녀와 좋은 관계를 유지하기 위해 재산을 물려주는 게 낫다는 생각이 들다가도, 인생 2막을 더욱 활기차고 풍요롭게 살기 위해서는 상속보다 자신을 위해 쓰다 죽는 게 더 현명하다는 판단이 서기도 한다. 남은 재산, 도대체 어떻게 해야 할까?

다 쓰고 죽어라

15년 전《다 쓰고 죽어라》라는 책을 처음 접한 적이 있다. 광화문의 한 서점에 들렀다가 매대에 깔린 책 중에 눈에 확 들어오는 제목에 이끌려 이내 집어 들었다. 다 쓰고 죽으라니 도대체 무슨 뜻이지?

책의 메시지는 '지금 당장 사표를 써라', '현금으로 지불하라', '은퇴하지 말라', '다 쓰고 죽어라' 등으로 요약된다. 미국의 재무설계자이자 라이프 코치인 저자 스테판 폴란은 이 4가지 메시지를 압축해 이렇게 표현한다.

> "'다 쓰고 죽어라'는 것은 불가능한 목표(안정적이고 연봉을 잘 주는 만족스러운 직장)를 포기하고, 잘못된 경제 습관(신용카드를 사용해 저축하지 못하는)을 버리고, 임의의 마감 시간(65세의 은퇴)에 대해서는 잊어버리고, 경제적 불멸에 대한 어리석은 꿈(유산 상속)을 꾸지 말라는 것이다."

메시지 중 핵심은 모은 돈을 후회 없이 다 쓰고 떠나라는 '다 쓰고 죽어라'다. 사는 집도 역모기지와 같은 제도를 이용해 자신의 생활비로 다 쓰라는 주문이다. 유산을 남기겠다는 생각을 포기하면 훨씬 풍요로운 삶을 누릴 수 있고 자녀가 더 건강하게 세상을 살아갈 수 있다는 것이다.

> "재산을 모으고 유지하는 것은 인생이라는 무대에서 퇴장하는
> 사람에게 오히려 해가 될 뿐이다."

라고 저자는 말한다. 삶의 질보다 죽음의 질을 먼저 생각하기에 자기 자신을 위한 일에 돈을 쓰지 못하고 자녀들을 위해 아껴둘 수밖에 없게 되기 때문이다. 그러면서 상속은 자녀의 영혼을 망친다고 말한다. 자녀가 자신의 미래를 상속에 의존하고 살다가 결국은 상속을 받기 위해서 사랑하는 부모가 죽기를 기다릴 때, 자식의 영혼에 끼칠 영향을 생각해 보라는 것이다.

저자는 "죽고 난 후 은행에 한 푼이라도 남아 있다면 그것은 낭비일 뿐이다"며 "죽은 다음에 자신의 재산이 사람들에게 도움이 되기를 바라는 것보다는 그들에게 가장 필요하고 도움이 될 때 사용하라. 죽을 때는 장의사에게 줄 돈만 남겨놓으면 된다"고 힘주어 말한다.

내가 번 돈을 내 노후를 위해 쓴다면?

금리가 두 자릿수였던 시절에는 노후 자금 걱정이 덜했다. 꼬박꼬박 예금만 해도 목돈이 만들어졌다. 은행들은 앞다퉈 '목돈마련저축' 상품을 출시할 정도였다.

저축은행은 예금을 유치하기 위해 시중 은행보다 더 많은 이자를 주는 상품을 내놓았다. 저축이나 퇴직금을 통해 마련한 목돈으로 다른 수입 없이 은행 이자만으로 생활할 수 있었다. 이제 그런 '이자생활자'는 다시 오지 않을 것이다.

1998년 국제통화금융(IMF) 시대에 흔히 보던 10%대 은행 예·적금 금리는 다시 오지 않을 '과거'일 뿐이다. 그 시절에는 그저 절약해서 저축하면 5년에 한 번씩 두 배로 늘어나는 복리의 축복을 한껏 누렸다.

지금은 어떤가? 현재 5060세대가 보유한 자산은 이자만으로 살기에 턱없이 부족하다. 50대의 순자산 평균은 2022년 3월 말 기준 3억 2,000만 원 정도다. 60대의 경우 은행 빚 빼고 3억 1000만 원 정도 쥐고 있다면 평균 이상으로 나타났다. 순자산은 전체 자산(부동산+금융자산)에서 부채를 뺀 금액을 말한다. 조선일보 '왕개미연구소'가 NH투자증권 100세시대연구소에 의뢰해 40~60대의 연령별 순자산 등급컷을 조사한 결과다.

2024년 5월 5대(KB · 신한 · 하나 · 우리 · NH농협) 시중은행의 12개월 정기예금 금리는 연 3.5~3.9%(만기 12개월 기준 최고금리) 수준이다. 50대의 순자산 평균 금액인 3억 2,000만 원이 모두 현금성 자산이라고 가정해도 1년 이자(3.5% 기준)로 1100만 원 정도를 받는 데 그친다. 생활 자금으로 쓰기에 턱없이 부족하다.

하지만 이자에 연연하지 않고 자녀에게 물려주지 않고 죽을 때까지 다 쓰겠다면 그리 모자란 돈은 아니다. 1억 원이면 10년 동안 해마다 1000만 원씩 나눠 쓸 수 있다. 3억 원이면 30년 동안 매년 1000만 원씩 생활비로 쓸 수 있다. 여기에 집을 물려주겠다고 생각하지 않고 주택연금을 들으면 그 집에서 평생 살면서 연금을 받아 생활 자금에 보탤 수 있다. 수십 년 동안 노력해 모은 재산을, 자신을 위해 쓴다면 노후가 훨씬 덜 힘들다.

돈과 사랑을 구분하자

15년 전에 읽었던 《다 쓰고 죽어라》를 다시 소환한 이유는 책이 전하는 메시지가 여전히 유효하다고 생각하기 때문이다. 세월은 흘렸지만, 저자가 전하는 '다 쓰고 죽어라'라는 메시지는 오히려 그때보다 더 가슴을 후려친다. 100세 시대를 맞아 노후에 대한 불안은 훨씬 커졌지만, 이를 어떻게 풀어나갈지에 대한 생각은 과거에서 좀처럼 벗어나지 못하고 있어서다.

다 쓰고 죽기 위해선 자녀들 앞에서 돈에 대해 좀 더 솔직해져야 한다. 돈의 소유권을 분명히 하고 부모로서 할 수 있는 것과 할 수 없는 것을 확실하게 밝혀야 한다.

돈과 사랑을 구분하려는 노력도 필요하다. 서로의 존재가 돈보다 소중하다는 사실도 확인해야 한다. 세상 모든 것을 돈으로 재단해 돈으로 사랑까지 표시하는 것은 현명한 부모의 모습은 아니다. 그보다 부모에게 자녀가, 자녀에게 부모가 돈보다 훨씬 소중한 존재라는 사실을 서로 확인할 필요가 있다.

평생 가족을 위해 헌신하다 노후에 남은 건 덩그러니 아파트 한 채뿐인 게 5060세대의 일반적인 모습이다.

마지막 남은 아파트를 지키고 이를 자녀에게 물려 주겠다며 또다시 아등바등 살아가는 것보다는 아파트를 포함해 가능하면 모든 재산을 매월 지급되는 현금 수입원으로 전환하면 어떨까?

쪼들리지 않아 노후 생활을 훨씬 풍요롭게 할 수 있고, 생활비에서 남은 돈은 자녀 생활비에 보탤 수 있다. 또 자녀가 더 건강한 정신으로 살아갈 수 있고, 죽기 전이나 죽은 후 자녀 사이에 재산 다툼이 일어날 여지도 없다. 여기에 자기가 가진 재능, 남을 돕는 선한 마음마저 아낌없이 다 쓰고 간다면 금상첨화 아니겠는가.

미리 준비하는 노년의 삶

5부

지금 당장
실천해야 할 7가지

'언젠가'는 영원히 오지 않는다

"언제 한번 보자", "언제 한번 밥 먹자", "언제 한번 술 한잔하자"

사람들이 쉽게 하는 말이다. 전화할 때마다 "언제 얼굴 한번 보자"는 이들도 많다. 하지만 이를 지키는 사람이 얼마나 될까? 내가 겪은 바로는 없다. 성인이 된 지 수십 년이 넘었지만 지금껏 이런 말을 하고 지킨 사람은 없었다.

사회생활 초기에는 연락이 오길 은근히 기다렸다. 그 사람이 내게 한 '약속'이라고 여겼기 때문이었다. 순진한 생각이었다. 기대한 만큼 마음의 상처도 받았다. 무소식을 숱하게 경험한 뒤에야 그건 약속이 아니라는 사실을 깨달았다. 그저 사회생활용 인사치레에 불과했다. "언제 뭘 하자"를 그저 겉치레 인사말 정도로 생각하고 내뱉은 사람이 그 말을 지킬 가능성은 애초에 없었던 게다. 이런 사실을 확인한 뒤부터는 그런 말을 들으면 고개를 끄덕이며 인사치레(?)로 가볍게 반응할 뿐 기대는 전혀 하지 않는다. 지금 내 머릿속에 상대가 말하는 "언제…"는 없다. 듣는 즉시 지운다.

'언젠가'를 기대하기 마련이지만…

개인적인 삶에서도 마찬가지다. 뭔가 새롭게 하고 싶거나 계획하고 있다면 '언젠가 해야겠다'라고 생각만 하지 말고 당장 시작해야 한다. 사람들이 사회생활에서 흔히 말하는 '언젠가'처럼 영원히 오지 않을 가능성이 크기 때문이다.

외국어를 배우기로 했다면 학원에 당장 등록하거나 인터넷·유튜브 강의를 들어보자. 운동하기로 맘먹었다면 당장 운동화 끈을 조여 매고 밖으로 나가보자. 책을 읽기로 했다면 일단 책을 펼쳐보자.

글을 쓰는 것도 그렇다. 자료를 축적하는 데 하염없이 시간만 보내서는 안 된다. 아무리 많은 자료를 모아도 그것만으로는 글이 완성되지 않는다. 좋은 생각이 떠올랐다 해도 써보지 않는다면 공허한 잡생각에 그치고 만다. 생각만으로는 아무것도 이룰 수 없다. 일단 펜을 잡고 노트에 써보라. 일단 컴퓨터를 열고 자판을 두들겨 보라. 시작하면 영감도 떠오른다. 언젠가 영감이 떠오르길 기다려봤자 그런 날은 영원히 오지 않는다.

책을 쌓아두는 사람들도 많다. 오랫동안 읽지 않은 책이라면 정리하는 게 차라리 나을 텐데 말이다. 책을 버리지 못하는 이유도 미련을 버리지 못하고 '언젠가'를 기대하기 때문이다. '정리의 여왕' 곤도 마리에는 저서 《인생이 빛나는 정리의 마법》에서 이렇게 말했다.

> "고객에게 책을 버리지 못하는 이유를 물어보니, '언젠가 읽을지 몰라서요'라고 답했다. (중략) 하지만 내 경험상 단언하는데, 그 '언젠가'는 영원히 오지 않는다. 누구의 추천을 받아 구입한 책이든, 또는 읽을 거로 생각했던 책이든 한 번 읽을 시기를 놓친 책들은 읽지 않게 된다. 그런 책들은 과감히 포기해야 한다."

일단 당장 시작해 보자

'언젠가'를 지우고 당장 시작하면 자기가 알지 못했던 재능을 꽃피울 수도 있다. 중국 춘추시대의 철학자로 사람이 걸어가야 할 길에 대한 통찰을 제시한 노자는 이렇게 말했다.

"재능은 타고난다. 하지만 대부분은 내 재능이 무엇인지 모르고 평생을 산다. 재능을 알려면 어떻게 해야 하는가? 지금 당장 도전하라. 큰 나무는 가느다란 가지에서 시작되고, 10층 탑도 작은 벽돌을 하나씩 쌓는 데서 시작된다. 마지막에 이르기까지 처음처럼 주의를 기울이면 무슨 일이든 해낼 수 있다."

당장 시작하는 게 어렵게 느껴질 수도 있다. 무엇보다 막막해서다. 그렇다면 아주 작은 것부터 시작해 보자. '10층 탑도 작은 벽돌을 하나씩 쌓는 데서 시작되듯이' 작은 것부터 하나씩 차근차근 시작해 보자. 하다 보면 길이 보인다. '긍정적 사고'의 창시자로 알려진 노만 빈센트는 "어떤 행동이든 하는 것이 하지 않는 것보다는 낫다"라고 했다. 준비가 덜 되었더라도 하는 게 하지 않는 것보다 나은 것이다. 생각에 머물지 않고 행동으로 옮긴다면, 그때부터 성공의 싹이 트고 꽃이 피고 열매를 맺게 된다.

내가 책을 내겠다고 마음먹고 지금, 이 순간 글을 쓰고 있는 것도 '언젠가'를 지워버리고 일단 시작한 덕분이다. 나도 처음엔 막막했다. 하지만 일단 쓰다 보니 지난 세월 흐트러진 지식의 파편, 기억의 편린이 한데 모아졌다. 생각지도 못한 영감까지 불현듯 떠올랐다. 놀라운 경험이 아닐 수 없다. 시작하지 않았으면 결코 이런 일은 생기지 않았을 거다.

"은퇴 후 얼마나 더 살지 몰라 그냥 놀았는데 이렇게 오래 살 줄 알았으면 70세부터라도 뭔가 할 걸 잘못했네요.", "언젠가 한다고 한 게 많은데 이 나이 먹도록 하나도 제대로 하지 못했네요."

언론 매체에 90, 100세에 접어든 노인들이 등장해 이구동성으로 하는 말이다.

100세 시대다. "언젠가, 언젠가"를 외치다 100세를 맞을지도 모른다. 그때 가서 뭔가 배우지 않은걸, 뭔가 하지 못한 걸 후회하고 한탄하지 말자. 당장 시작하자. '언젠가'는 영원히 오지 않는다.

머리를 믿지 말고 손을 믿어라

"늘 단축키를 누르다 보니 부모님이 계시는 시골집 전화번호가 기억나지 않을 때도 있어요.", "지하 주차장에 차를 대놓고 다시 나올 때 몇 층에 차가 있는지 생각나지 않은 적이 한두 번이 아닙니다."

아마 많은 사람이 이런 일들을 겪었을 법하다. 그래도 이 정도는 애교 수준이다. 부모님 집 전화번호를 기억하지 못하는 것은 그만큼 디지털기기에 익숙해져 있다는 걸 나타낼 뿐, 실생활에 큰 불편을 주는 정도는 아니다. 그동안 해왔던 것처럼 한 자릿수 단축키를 누르면 바로 통화할 수 있기 때문이다. 주차한 차도 지하 1층에 없으면 지하 2층, 혹은 지하 3층으로 가면 십중팔구 찾을 수 있다.

하지만 금융기관이나 인터넷 포털사이트 등의 비밀번호를 기억하지 못한다면 상황은 달라진다. 당장 촌각을 다투는 급한 용무를 해결해야 하는 순간, 입력한 비밀번호에 대해 자꾸 "잘못된 비밀번호"라는 창이 뜨면 가슴이 철렁 내려앉는다. 해당 기관에서 개인정보 유출에 대한 우려로 일정 기간마다 한 번씩 비밀번호를 바꾸도록 하면서 기억력의 한계가 노출돼 벌어지는 상황이다.

식당이나 백화점, 병원 등 오프라인 공간에서는 어떤가? 본인이 운전한 차량번호를 기억하지 못해 난처한 경우도 많이 볼 수 있다. 식사 후 결제할 때 차량번호를 알려주면 주차비를 면제받을 수 있는데, 도무지 번호가 생각나지 않아 식당 종업원에게 겸연쩍은 웃음을 지어 보이며 머뭇거리다 겨우 떠오른 기억에 '위기'를 가까스로 모면한 적이 한두 번은 아닐 것이다. 나도 이전에 이런 일을 적지 않게 겪었다. 디지털 시대지만 역설적으로 메모가 더욱 절실한 시대임을 보여주는 사례다.

역사적인 인물들은 메모광

급하게 바뀐 업무 일정 조정 내용, 새해 회사의 업무 목표가 담긴 회장님의 신년사, 문득 떠오른 아이디어는 물론이고 집안의 대소사, 친구들과의 만남 약속 등 일상에서 벌어지는 모든 내용을 머릿속에만 넣어두고 차질없이 일을 처리할 수 있는 사람들이 과연 얼마나 될까?

　아무리 머리가 좋아도 시시각각 새롭게 쏟아지는 수많은 정보를 기억에만 의존해 효율적으로 처리할 수 없는 노릇이다. 이를 해결하는 방법은 간단하다. 기록하는 것이다.

　　"쉬지 말고 기록하라. 기억은 흐려지고 생각은 사라진다. 머리를 믿지 말고 손을 믿어라."

　조선시대 최고의 학자로 손꼽히는 다산 정약용의 말이다. 《다산 선생 지식경영법》의 저자인 정민 한양대 국문학과 교수에 따르면 다산 선생은 끊임없이 메모하고 생각하고 정리했던 조선 최고의 메모광이요, 정리광이다. 다산 선생의 수많은 위대한 저작은 그의 메모가 밑거름됐다.

　《메모의 기술》 저자인 사카토 케지는 "기록하고 잊어라. 잊을 수 있는 기쁨을 만끽하면서 항상 머리를 창의적으로 쓰는 사람이 성공한다. 그 비결은 바로 메모 습관에 있다"라고 강조한다. 메모의 강점은 사카토 케지의 말대로 기록하는 순간 잊을 수 있다는 데 있다. 기록하지 않고 머리에 의존하면 기억하기 위해 고심하며 생활하고 쓸데없는 곳에 에너지를 소모하게 되니 머리를 창의적으로 쓸 수 없다.

　반면 기록해 두면 안심하고 잊을 수 있다. 계속 기억하려고 애쓸 필요가 없으니 창의적이고 생산적인 데에 머리를 쓸 수 있게 된다. 기록이 기억보다 강한 이유다. 메모는 또 잊기 쉬운 아이디어를 오래 기억하게 해주기도 하고, 단순한 생각을 구체화 해주기도 한다.

역사적으로 큰 발자취를 남긴 위인 중에는 메모 습관이 몸에 밴 '메모광'들이 유달리 많다. 에디슨, 링컨, 슈베르트, 아인슈타인 등 천재이자 성공한 사람들은 대부분 손이 부지런한 메모광이다. 백열전구, 축음기 등 1,300여 점의 특허를 보유한 에디슨이 발명왕으로 이름을 남길 수 있었던 비결 중 하나는 메모 습관이다. 그가 보유한 메모장의 권수는 3,200권에 달하고, 메모와 일기의 분량은 500만 장이나 된다. 링컨은 긴 모자 속에 항상 연필과 종이를 넣고 다녔다. 걸어 다닐 때 문득 떠오르는 생각이나 남들에게 들은 말을 모자 속 종이와 연필을 이용해 기록했다. 슈베르트는 악상이 떠오를 때마다 앞사람의 등에도 메모했다.

아인슈타인의 메모와 관련한 일화는 유명하다. 어느 날 그를 인터뷰하던 기자가 집 전화번호를 물어보자, 아인슈타인은 수첩을 꺼내 들었다. 잠시 당황한 기자는 조심스레 물었다. "설마 집 전화번호를 기억하지 못하시는 건 아니죠?" 아인슈타인의 대답이 걸작이다. "적어두면 쉽게 찾을 수 있는 걸 굳이 기억하고 있을 필요가 있나요?" 그는 두뇌를 효율적이고 창조적으로 쓰기 위해 메모를 적극

활용한 사람이었다. 아인슈타인의 메모는 사후 큰돈이 되기도 했다. 그가 상대성 이론을 증명하는 과정을 기록한 54쪽짜리 자필 메모는 2021년 프랑스 파리에서 열린 크리스티 경매에서 무려 1160만 유로(약 155억 원)에 팔렸다.

머리가 아무리 좋아도 메모만 못하다

메모는 다이어리를 사용해도 좋고, 수첩이나 '포스트잇'에 해도 좋다. 우리 모두의 필수품이 된 휴대전화는 메모할 때 사용할 수 있는 유용한 도구다. 나는 휴대전화의 '메모장'을 주로 이용한다. 갑자기 떠오른 생각을 얼른 옮기기에 좋다. 길을 걷거나, 잠에서 막 깨어날 때 떠오른 아이디어도 가감 없이 곧바로 담는다. 생각은 그냥 놔두면 쉽게, 흔적도 없이 사라지기 때문이다. 특히 문득 떠오른 아이디어는 휘발성이 더 강하기 때문에 지체 없이 기록한다.

'아는 것이 힘이다'로 유명한 영국의 철학자 베이컨은 "느닷없이 떠오른 생각이 가장 중요한 것이며, 보관해야 할 가치가 있는 것이다. 메모하는 습관을 갖자"라고 했다. 불현듯 떠오른 생각을 그때그때 적어둔 메모장은 내가 지금 글을 쓰는데 큰 도움이 된다.

주변에서 "수십 년 전인 20, 30대 시절에는 친구나 중요 거래처

전화번호 수십 개 정도는 다 외우고 다녔다"고 말하는 사람을 심심치 않게 볼 수 있다. 노래 가사도 수십 곡 정도는 머릿속에 저장돼 있었다고 말하는 사람도 많다. 나도 그런 사람이었다. 하지만 세월이 흘러 기억력이 무뎌진 데다 휴대전화 등 디지털 기기가 획기적으로 발전하면서 중요한 전화번호는커녕 자신의 휴대전화 번호조차 깜빡거릴 때가 있다. 그렇다고 흐르는 세월과 급변하는 세상 탓만 할 수 없는 노릇 아닌가?

독일 속담에 "기억력이 좋은 머리보다 무딘 연필이 더 낫다"라는 말이 있다. 아무리 머리가 출중해도 메모를 열심히 하는 습관만 못하다는 얘기다. 메모하는 습관을 들여 보자. 휴대전화 메모장에 문득 떠오른 생각을 기록해 보자. 수첩을 가지고 다니면서 아무 때나 아무리 사소한 생각이라도 끄적여 보자. '잊을 수 있는 기쁨을 만끽' 하면서. 디지털 세상에서 마우스를 '스크롤'만 하지 말고, 손을 부지런히 움직여 자판을 두들기고 연필로 적어 보자. 차곡차곡 쌓인 그런 메모가 내 인생의 '복주머니'가 될 수도 있으니 말이다.

단단한 노후를 위해
꼭 필요한 고독력

"나는 혼자 있는 것이 좋다. 나는 고독만큼 친해지기 쉬운 벗을 아직 찾아내지 못하고 있다. 대체로 우리는 방 안에 홀로 있을 때보다 밖에 나가 사람들 사이를 돌아다닐 때 더 고독하다. 사색하는 사람이나 일하는 사람은 어디에 있든지 항상 혼자이다. 고독은 한 사람과 그의 동료 사이에 놓인 거리로 잴 수 있는 것이 아니다. 하버드 대학의 혼잡한 교실에서도 정말 공부에 몰두해 있는 학생은 사막의 수도승만큼이나 나 홀로인 것이다."

헨리 데이비드 소로가 그의 저서 《월든》(은행나무)에서 '고독'에 대해 한 말이다. 월든은 미국 매사추세츠주 콩코드시에서 남쪽으로 2km 남짓 떨어져 있는 작은 호수다. 하버드대를 졸업한 소로는 1845년 7월 4일부터 28세의 나이에 홀로 이곳으로 건너와 1847년 9월 6일까지 2년 2개월 남짓 동안 노동과 학문의 삶을 살았다. 손수 통나무를 베어 숲속에 오두막을 짓고, 밭을 일구며 사는 동안 인간과 자연, 인간과 사회에 대해 깊은 생각을 한다. 소로는 이 기간의 경험과 성찰을 기록했고, 37세가 된 1854년에 그 기록을 바탕으로 호수의 이름을 따 '월든(Walden)'이란 제목으로 책을 냈다.

불후의 명작으로 꼽히는 《월든》에서 소로는 고독을 놓고 이런 말도 한다.

"태양은 혼자이다. 안개가 자욱한 날에 태양이 두 개처럼 보이기도 하지만 하나는 가짜 태양인 것이다. 하느님 역시 홀로 존재한다. 그러나 악마는 결코 혼자 있는 법이 없다. 그는 많은 패거리와 어울려 대군을 이루고 있다."

1인 가구와 나홀로족의 시대

1인 가구가 전체 가구의 42%를 넘어서 나홀로족의 삶이 모두의 문제로 다가오면서 혼자의 힘, '고독력'에 대한 관심이 갈수록 커지고 있는 모양새다. 실제 행정안전부의 〈2023년 주민등록 인구통계 분석〉에 따르면 우리나라 전체 가구 가운데 1인 가구는 993만 5,600 가구로 전체(2,391만 4,851가구)의 약 42%를 차지했다. 역대 최고 수치다.

1인 가구 분포를 살펴보면 70대 이상이 19.7%로 가장 많았다. 이어 60대(18.4%)와 30대(16.9%), 50대(16.5%) 20대(15.3%) 40대(12.9%) 순이었다. 20대부터 70대 이상까지 모두 두 자리 수 점유율을 보이며, 나홀로족의 삶은 세대를 불문한 우리 모두의 화두가 되고 있다. 20대 싱글족부터 독거노인까지 사정은 제각각이지만 고독력은 싱글족에게 꼭 필요한 힘이다. 혼자 있어 외롭다고 느끼는 고독감과 달리 고독력은 홀로 있는 시간을 즐기고 창의적으로 활용하는 능력이기 때문이다. 특히 특별한 사고가 없으면 대부분 100세를 바라볼 수 있는 시대이기에 고독력은 노후대비의 필수 덕목으로 꼽히기도 한다.

작가나 예술가는 고독력이 강한 사람들이다. 하루 이틀도 아니고 여러 해를 단 하나의 작품을 완성하기 위해 매달린다. 불후의 명작은 혼자서도 흔들리지 않는 강한 고독력을 통해 탄생한다.

아들러 심리학을 공부한 철학자와 세상에 부정적이고 열등감 많은 청년이 '어떻게 행복한 인생을 살 것인가'라는 질문에 답을 찾아가는 여정을 그린 《미움받을 용기》 역시 고독력과 연결된다. 아들러는 "인간의 고민은 전부 인간관계에서 비롯된 고민"이라며 자기에게 집중하라고 한다. 무슨 고민이든 거기에는 반드시 타인과의 관계가 얽혀 있게 마련이고, 따라서 행복해지기 위해서는 인간관계로부터 자유로워져야 한다는 것이다.

고독력을 키우려면 어떻게 해야 할까?

대세가 되는 1인 가구 시대를 반영하듯 나홀로족의 일상을 다룬 예능이 여러 방송에서 눈에 띈다. 나는 그 중 일요일 밤 전파를 타는 〈미운 우리 새끼〉를 즐겨본다. 50세 전후 중년 남성 싱글들의 철없는(?) 일상을 보고 있으면 웃음이 절로 나온다. 때론 그들의 순수한 모습에 한 주 동안 쌓인 스트레스가 해소되고, 마음이 정화되는 느낌이 들기도 한다.

2024년 2월 초 방송을 보고 또 한바탕 터지는 웃음보를 주체하지 못했다. 54세의 노총각 탤런트 김승수. 그는 나 홀로 여행을 위해 만반의 준비를 한다. 커다란 짐 가방에 3일 치의 옷을 비롯해 멀티탭까지 온갖 것을 챙긴다. 하지만 짐을 싸다가 지친 김승수는 여행을 포기하고 이내 조개전골 식당으로 향한다.

식당에 도착한 후 보여준 김승수의 능청스런 연기는 압권이다. "세 사람이 온다"며 조개 전골 3인분을 주문한다. 홀로 밥 먹기에 민망한 그의 꼼수다. 김승수는 홀로 소주를 마시고 앞서 맞춰놓은 알람이 울리자, 전화가 걸려 온 것처럼 연기한다. 마치 일행이 일방적으로 약속을 취소한 듯 "음식이 다 돼서 먹고 있는데 못 온다니 무슨 소리야"라며 통화하는 척한다. MC 신동엽과 패널들은 박장대소한다.

고독력을 키우려면 어떻게 해야 할까? 우선 남의 시선을 의식하지 말아야 한다. 홀로 식당에 간 김승수가 3인분을 시킨 것도, 알람을 맞춰 놓고 통화하는 척을 한 것도 모두 주위의 시선을 의식한 행동이다. 직장인들 대부분이 점심 약속을 잡는 것도 김승수처럼 홀로 밥 먹을 경우 주위의 따가운 시선이 두려워서다.

고독력을 키우려면 '남의 눈을 신경 쓰지 않겠다'는 의식적인 노력이 필요하다. 미국의 문학평론가였던 헤럴드 블룸은 "제대로 된 독서는 고독이 줄 수 있는 가장 훌륭한 기쁨 중 하나이다"라고 했다. 독서는 고독이 선사하는 최상의 선물 중 하나로, 고독력을 키우는 좋은 방법이다. 특히 중장년부터는 고독력이 절실하다. 직장에서 나오면서 인간관계가 단절되고, 해마다 세상을 떠나는 지인들이 늘어나는 시기이기 때문이다. 이런 때 더욱 필요한 고독력을 키우는 데 독서만 한 게 없다.

배움에 대한 노력도 지속해야 한다. 각종 강연회 등에 참가해 적은 돈으로 혹은 무료로 배울 수 있는 기회가 널려 있다. 혼자만의 여행도 독서 못지않게 고독력을 키우는 훌륭한 방법이다. 나 홀로 여행은 사회적 관계 안의 '나'가 아닌, 내가 뭘 좋아하고 내가 어떤 사람인지 온전한 '나'를 느낄 수 있게 한다. 내면의 '나'와 마주하며 나는 더욱 강하게 단련된다. 가족과 친구들과의 스트레스 없는 편안한 여행에서 벗어나 혼자 여행하면서 겪는 어려움은 잊지 못할 추억으로 남기도 한다.

은퇴 후 자기 삶의 주인공으로 살고 싶다면?

중장년기, 은퇴 후 달갑지 않은 손님이 찾아온다. 외로움이다. 노후에도 외로움에 빠지지 않고 혼자서도 잘 살기 위해서는 고독력을 키워야 한다. 고독력은 고독감 극복 능력이다. 나 홀로 있는 시간을 두려워하지 않고, 멈칫하지 않고, 어떤 일에 몰두하며 삶을 능동적으로 끌어나간다. 외롭다고 느끼지 않으니 다른 사람을 귀찮게 하는 등 불필요한 피해도 주지 않는다. 품격 있는 노년을 위해 필요한 게 고독력이다.

"인간이 행복을 느끼지 못하는 유일한 이유는 자기 방에 혼자 조용히 머물러 있는 법을 모르기 때문이다."

블레즈 파스칼의 말이다. 행복하게 살기 위해서는 혼자만의 시간이 있어야 한다. 자신과 대면하면서 지나온 삶을 차분히 생각해 보아야 한다. 잘살아 왔는지, 잘살고 있는지, 앞으로 어떤 삶을 살지…. 진지한 자기성찰은 밝은 미래로 자신을 인도한다. 고독력을 키워야 노후가 행복해진다.

자기 인생의 주인공으로 살고 싶은가? 그렇다면 고독력을 키워보자. 스마트폰이나 인터넷을 접어두고, 오늘 하루는 사람들과의 만남도 자제해 보자. 그리고 '고독이 줄 수 있는 가장 훌륭한 기쁨 중 하나'인 독서에 몰입해 보자. 온전한 '나'를 느낄 수 있는 나 홀로 여행을 해보고, 자기 방에 혼자 머물며 성찰의 시간을 가져보자.

"고독과 고립은 전혀 다르다. 고독은 옆구리께로 스쳐 지나가는 시장기 같은 것. 그리고 고립은 수인처럼 갇혀 있는 상태다. 고독은 때론 사람을 밝고 투명하게 하지만, 고립은 그 출구가 없는 단절이다."

· 법정 스님의 말이다.

그 사람의 삶을 결정하는 습관의 힘

어떤 사람은 백만장자가 됐는데, 어떤 사람은 왜 여전히 가난에 시달리고 있을까?

《습관이 답이다》의 저자 톰 콜리에 따르면 부유한 사람, 특히 자수성가한 백만장자들과 가난한 사람들의 결정적인 차이는 '습관'에 있다. 많은 가난한 사람이 자신의 가난을 어쩔 수 없는 것으로 부모나 성장 배경 등 환경 탓으로 돌린다. 하지만 사람을 가난하게 만드는 본질적인 이유는 '습관'이라는 무의식적인 행동이 그 배후에 자리 잡고 있기 때문이라고 콜리는 강조한다. 5년 동안 233명의 부자와 128명의 가난한 사람을 관찰하고 연구한 결과다.

습관이 중요하다는 것은 알지만…

습관의 사전적 정의는 '어떤 행위를 오랫동안 되풀이하는 과정에서 저절로 익혀진 행동 방식'이다. 달리 말하면 무의식적이고 반복적으로 하는 행동이나 사고를 의미한다. 집을 나설 때 신발을 왼발부터 신는가, 오른발부터 신는가? 이를 의식하고 신발을 신는 사람은 거의 없을 것이다. 무의식적으로 반복하는 습관이기 때문이다.

출근하면 이메일을 체크하고, 커피를 마시고, 일과를 점검하는 것 같은 일상적인 일들은 의식적으로 선택하는 행동이 아니라 모두 습관의 산물이다.

매일 반복하는 습관은 우리의 삶에 큰 영향을 미친다. 좋은 습관이 축적돼 큰 성취로 이어지지만, 나쁜 습관이 쌓이면 인생에 큰 해악을 끼치기도 한다. 나쁜 습관을 버리고 좋은 습관을 지니길 희망하지만, 습관은 그렇게 호락호락하지 않다. 매년 연초가 되면 굳게 다짐했던 결심이 작심삼일로 끝나는 경우를 흔히 볼 수 있지 않은가.

영국 런던대 심리학과 연구팀이 참가자 96명을 대상으로 같은 행동을 얼마나 반복해야 생각이나 의지 없이 습관처럼 하게 되는지를 실험했다. 참가자들은 건강과 관련된 행동 한 가지를 선택한 뒤 이를 매일 반복적으로 실천했다. 그 결과 새로운 습관을 뇌에 각인시키는 데 평균적으로 21일, 몸에 각인시키는 데 66일의 시간이 걸렸다. 습관은 쉽게 만들어지지 않지만 한번 길들면 고치기도 힘든 것이다.

좋은 습관을 기르는 방법

그렇다면 습관은 어떻게 형성될까? 전 세계 300만 부가 판매된 《습관의 힘》 저자 찰스 두히그는 습관은 '신호-반복 행동-보상'으로 연결되는 3단계 고리에 따라 형성된다고 말한다. 흡연뿐만 아니라 음주, 쇼핑, 야식 등 이 세상에 존재하는 모든 습관은 이 3단계 과정을 거쳐 만들어진다. 습관을 유발하는 자극으로 일종의 방아쇠인 '신호'를 뇌가 인지하면 '반복 행동'을 하게 된다. 반복 행동은 신체적 행동으로 나타나기도 하고, 심리 상태나 감정의 변화로도 나타난다. '보상'은 뇌가 이런 특정한 고리를 앞으로도 지속할 가치가 있는지 판단하는 기준이 된다. 이 3단계가 반복될수록 고리는 점점 기계적으로 변해간다.

흔히 흡연자들은 스트레스를 받을 때 담배를 피운다고 말한다. 흡연이 습관이 되는 과정을 3단계 고리로 설명하면 이렇다. 스트레스를 유발하는 상황이 '신호'다. 이 신호에 따라 흡연이라는 '반복 행동'을 하게 되고, 스트레스로 뭉쳐있던 감정이 해소되는 '보상'의 과정을 경험하게 된다. 이 과정을 반복할수록 스트레스를 받자마자 자기도 모르게 기계적으로 담배를 입에 물게 된다. 흡연 습관의 탄생이다.

런던대 심리학과 연구팀의 실험에서도 봤듯이 새로운 습관을 들이기도 힘들지만, 나쁜 습관에서 빠져나오기도 힘들다. 내 경우만 봐도 그렇다. 대학 입학과 동시에 배우기 시작한 흡연을 무려 30년이 지나서야 멈췄다. 40대 중반이던 어느 날 당시 초등학생이었던 딸이 "아빠, 몸에 좋지 않은 담배를 왜 피우냐?"라며 내가 피우던 담뱃갑에 야무진 어투로 금연을 권하는 쪽지를 남겼다. 그때까지 누구의 금연 권고보다 가슴에 와 닿았던 나는 담배를 끊기로 결심했지만, 딸의 바람은 그로부터 5년쯤 뒤인 50살 무렵에야 실현됐다. 스트레스라는 '신호'를 받을 때마다 담배에 손이 가는 '반복 행동'을 했고, 연기를 들여 마시면 스트레스로 답답했던 감정이 풀리는 '보상'의 사이클을 30년간이나 반복했다. 흡연이란 나쁜 습관의 굴레에서 벗어나 지금껏 가장 잘한 일 중 하나로 '해방'을 맞은 지 이제 10여 년이 됐다.

건강하게 오래 사는 8가지 습관

건강하게 잘 늙어가려면 어떻게 해야 할까? 세계적인 노인의학 전문가인 마크 윌리엄스는 저서 《늙어감의 기술》에서 오랜 습관이 주는 편안함의 유혹을 뿌리치고 몸과 마음에 적절한 자극을 가하는 것이 무병장수의 비결이라고 강조한다. 타고난 유전자는 바꿀 수 없지만 매일 땀이 날 정도로 운동을 하는 등 좋은 습관을 길들이면 큰 병 없이 더 오래 살 수 있다.

올해 90세인 대한민국 대표 정신과 전문의 이시형 박사는 4대 생활습관 개선운동을 펼치면서 생활습관만 바꾸어도 99세까지 팔팔(88)하게 살 수 있다고 한다. 그가 말하는 4대 습관이란 식사 · 운동 · 마음 · 생활리듬 습관이다. 이 박사는 2022년 《문화일보》와 인터뷰에서 •소식다동(小食多動), 적게 먹고 많이 움직이는 운동습관 •육류를 줄이고 채소를 많이 먹는 식습관 •현대 사회는 지나친 경쟁으로 조급증과 스트레스가 생기므로 늘 밝고 긍정적인 마음을 갖는 마음습관 •오전 6시 이전에 기상하고, 오후 11시 이전에 잠자리에 들며 반복되는 일과를 규칙적으로 하는 생활리듬 습관 가져야 한다고 충고한다.

40세 이후부터라도 활발한 신체활동, 금연, 좋은 식습관 등 8가지 건강 생활습관을 실천하는 사람은 전혀 그렇지 않은 사람보다 최대 24년 더 오래 살 수 있다는 연구 결과도 나왔다.

미국 재향군인부(VA) 보스턴 의료시스템 연구팀이 재향군인 70만여 명을 대상으로 연구한 결과, 40세에 건강 생활습관 8가지를 실천하는 사람은 이런 습관이 거의 없거나 전혀 없는 사람보다 훨씬 오래 사는 것으로 나타났다. 40~99세 71만 9,147명의 의료기록과 설문조사 데이터를 토대로 분석한 결과다.

건강한 8가지 생활습관은

- 활발한 신체 활동
- 비흡연
- 스트레스 최소화
- 주기적인 폭음 안 하기
- 좋은 식습관
- 좋은 수면 위생
- 긍정적 사회관계
- 오피오이드(약물) 중독 벗어나기 등이다.

연구 결과, 40세에 건강 생활습관 8가지를 모두 실천하는 남성은 이런 습관이 전혀 없는 남성보다 기대수명이 평균 24년 더 길었고, 8가지 건강 생활 습관을 모두 갖춘 여성은 기대수명이 이런 습관이 전혀 없는 여성보다 21년 더 길었다.

음악 비평가 어니스트 뉴먼은 "위대한 작곡가는 영감이 떠오른 뒤에 작곡한 것이 아니라, 작곡하면서 영감을 떠올린다. 베토벤, 바흐, 모차르트는 경리사원이 매일 수치 계산을 하듯 매일 책상 앞에 앉아 작곡했다"고 말했다. 아리스토텔레스의 말처럼 "성공은 습관의 결과"인 것이다.

어떤 습관을 지녔느냐가 결국 그 사람의 삶을 결정한다. 반복적으로 하는 행동과 사고의 결과가 그 사람의 인생이 된다. '습관의 힘'이다.

설레지 않으면 버려라

4년 전 살고 있는 집을 리모델링했다. 애초 상태가 심각한 부엌과 화장실만 고칠 생각이었다. 지은 지 20년가량 된 아파트라는 점을 고려하니, 손대는 김에 전면 수리하는 게 낫겠다는 생각이 들었다. 여기까진 아내와 별 이견 없이 얘기가 잘 통했다.

문제는 책이었다. 거실은 물론 아들·딸 방까지 차지하고 있는 수천여 권의 책을 어떻게 정리하느냐를 놓고 의견이 갈렸다. 평소 집안 곳곳을 점령하고 있는 책을 탐탁지 않게(?) 생각하던 아내는 이참에 꼭 필요한 책이 아니면 모두 정리하자는 강경한 입장이었고, 나는 길게는 40년간 정든 책과 이별할 수 없다며 목소리를 높였다

젊은 시절, 지적 호기심은 물론 지적 허영심(?)까지 채워주는 책

은 나에게 매우 소중한 존재였다. 대학 입학 뒤 기숙사와 하숙집을 전전하던 때도 책은 버리지 않고 곁에 가까이 뒀다. 결혼해서도 손때 묻은 책들은 신혼집으로 장소만 바뀌었을 뿐 그대로였고, 신문사 문화부에서 근무할 땐 책을 매일 읽어야 하는 출판 담당이었으니 책이 쌓일 수밖에 없었다.

버리고 나니 개운했다

하지만 어쩌랴! 집안일에 있어 마나님을 이길 수 없는 노릇 아닌가. 무려 한 달간의 긴 신경전 끝에 나는 두 손을 들었다. 대신 전체 책의 3분의 1 정도를 남기는 선에서 합의를 봤다. 그런데 문제가 또 생겼다. 막상 정리해야 할 책을 고르는 게 무척 힘들었다. 이 책은 이래서, 저 책은 저래서 다 의미 있다고 생각하니 버릴 게 하나도 없었다.

숙고에 숙고를 거듭하며 약 열흘 동안 2,000여 권을 골라 이별을 고했다. 상태가 좋은 책은 중고 책 판매상에게, 그렇지 않은 책은 쓰레기 분리수거장으로 향했다.

그런데 웬걸! 뜻밖의 일이 벌어졌다.

정들었던 책이 없으면 우울해질 거란 생각은 기우에 불과했다.

오히려 홀가분한 마음으로 남은 책들과 함께 격한 새 출발을 다짐하는 내 모습에 깜짝 놀랐다. 지금은 책 제목도 가물가물할 뿐, 헐렁한 책장은 어느새 새 주인을 맞이하며 빼곡해졌다. '비우면 행복하다'더니 비우니 마음이 편해지고, 비우니 새것으로 채워진 것이다.

책을 정리하면서 채우는 것보다 비우는 게 어렵고 중요하다는 사실을 깨달았다. 수십 년간 이리저리 옮겨 다니면서도 책을 곁에 뒀던 밑바닥 정서에는 애정을 넘어 '집착'하는 마음이 크게 자리 잡고 있었다는 점도 확인하게 됐다.

정리를 통해 과거를 정리한다

사이토 다카시 일본 메이지대 교수는 《50부터는 인생관을 바꿔야 산다》에서 "집착의 끈을 버리면 새로운 평안이 찾아온다. 믿어도 된다"라고 강조한다. 실제 내가 그랬다. 40년간 이어진 책에 대한 집착의 끈을 버리니, 책을 정리한 뒤 생각지도 못한 마음의 평온까지 경험하게 됐다.

'설레지 않으면 버려라'라는 말로 유명한 일본의 정리 전문가 곤도 마리에는 《정리의 힘》에서 "물건을 버리지 못한 것은 과거에 대한 집착과 미래에 대한 불안 때문이다"며 "집 안을 정리하면 자신의 사고방식과 삶의 방식, 나아가 인생까지 극적으로 달라진다"라고 강조한다.

왜 달라질까? 그는 "정리를 통해 '과거를 처리'하기 때문이다"라고 말한다. "정리를 통해 인생에서 무엇이 필요하고 필요하지 않은지, 무엇을 해야 하고 무엇을 그만두어야 하는지를 확실히 알게 되기 때문"이라는 것이다. 그는 방송에 나와서도 "마음이 설레는 물건만 남겨야 한다"며 옷이건 책이건, 하나씩 만져보면서 설레면 잘 정리해서 간직하고, 설레지 않으면 물건에 '고마웠어'라고 작별 인사를 하며 '과거를 처리'한다.

정리는 어르신들에게도 절실하게 필요한 덕목이다. 대부분 어르신은 물건을 정리하는 것을 좋아하지 않는다. 생전에 피땀 흘려 번 돈으로 사서 아껴둔 물건, 자식들과의 추억이 배어 있는 물건을 버리거나 정리하는 것은 쉬운 결정이 아니다. 물건 때문에 건강이 더 나빠지거나 안전사고가 발생해도 정리하지 못하고 이고 지고 살려고 한다.

하지만 정작 세상을 떠난 뒤엔 그런 물건들이 쓰레기가 돼 금쪽같은 자식들에게 짐만 될 수 있다. 어르신들에게 '생전정리'가 절실히 필요한 이유다.

"가득 찬 거보다는 조금 빈 것이 좋다. 희망이 이루어진 상태보다는 희망하고 있을 때가 좋다. 보고 싶다고 다 보는 것보다 하나 정도 남겨놓은 것이 좋다."

평생 '무소유'의 삶을 실천한 법정 스님의 말씀이다.

'죽음'으로부터 배운 '겸손'과 '현재'

누구나 해당한다.

순서가 없다.

아무것도 가져가지 못한다.

대신할 수 없다.

경험할 수 없다.

이 다섯 문장에 상응하는 공통 단어는 무엇일까?

죽음이다.

죽지 않는 사람은 없다. 누구나 죽는다. 태어나는 것은 순서가 있어도 죽을 때는 순서가 없다. 빈손으로 왔다가 빈손으로 가는 것이 인생이다(空手來空手去是人生). 태어날 때 빈손이었듯이 죽을 때 아무엇도 가져가지 못한다. 죽음은 아무도 대신할 수 없다. 죽음은 한 번뿐이라 경험할 수 없다.

죽음의 의미가 다가오는 시간

영국의 작가이자 비평가인 찰스 램은 "사람은 30세가 되기 전에는 자신이 죽는다는 사실을 결코 현실로 느끼지 못한다"고 했다. 내 경험에 비춰 봐도 그렇다. 30대 후반까지 죽음은 나와 상관없는 것처럼 느껴졌다. 노화를 본격적으로 느끼기 시작한 40대에 들어서야 죽음에 대해 조금씩 생각하게 됐다. 그러다 50세를 넘기고 60대에 접어들자 죽음은 더 이상 낯선 단어가 아니게 됐다. 친구나 직장 동료 등 지인의 부모님이 돌아가셨다는 소식을 이전보다 훨씬 자주 접하게 됐고, 친구나 또래 지인의 부고까지 종종 접한다. 피할 수 없는 죽음, 어떻게 받아들여야 할까?

스마트폰에서 뉴스를 검색하다 보면 유명 연예인들의 부동산 거래 소식이 심심치 않게 나온다. 주로 강남, 용산 등지에서 빌딩이나 고급 아파트를 50억, 100억 아니 수백억 원에 사고팔았다는 내용이다. 5년, 10년 전 살 때보다 몇 배의 시세 차익을 올리고 팔았다는 식의 구체적인 내용도 빠짐없이 들어있다. 몰라도 되고 본의 아니게 알게 된 것들이지만 내용을 본 순간 내 자신이 초라하게 느껴진 적이 한두 번이 아니다.

하지만 그런 부러움도 한때였다. 50대를 넘어 60대에 들어서니 직위나 명예뿐만 아니라 돈에 대해서도 이전보다 초연해졌다. 무엇보다 그전에는 크게 생각하지 않았던 죽음에 대해서 좀 더 생각하게 됐기 때문이다. 죽고 나면 아무런 가치가 없다는 생각이 드니 누가 수백억이 아니라 수천억을 가졌어도 별로 부럽지 않다. 남과 비교하며 많은 돈을 벌겠다고 아등바등하는 시기도 이미 지났다. 죽음을 떠올리면 적게 벌어도 내가 좋아하는 일을 하면서 마음 편하게 사는 게 상책이라는 생각이 뼛속 깊이 스며든다.

초상집에 갈 때마다 듣는 말이 있다. "인생 정말 허무하네, 이렇게 쉽게 갈 걸 뭘 그리도 아등바등 살았는지. 돈도 명예도 권력도 다 필요 없어, 건강하게 살다 가는 게 최고인 것 같아⋯." 많은 사람이 이렇게 말한다. 영정 앞에서는 죽음을 생각하며 인생을 겸손하게 살아야겠다고 다짐하지만, 초상집을 벗어나는 순간 그런 다짐은 이내 사그라든다.

러시아의 대문호 톨스토이는 "이 세상에 죽음만큼 확실한 것은 없다. 그런데 사람들은 겨우살이 준비하면서도 죽음은 준비하지 않는다"라고 했다. 맞는 말이다. 사람들은 누구나 모든 사람이 다 죽는다고 하면서도 정작 자신은 죽지 않을 것처럼 생각하며 행동한다.

죽음을 기억하라!

"메멘토 모리(Memento mori)!"

로마제국이 번성할 때 로마는 수많은 전투에서 승리를 거두었으며 그때마다 개선하는 장군은 네 마리의 백마가 이끄는 마차를 타고 시내를 가로지르는 행진을 벌였다. 개선행진 속에는 전쟁 영웅들을 위한 특별한 전통이 있었다. 개선장군의 뒷자리에 노예 한 명을 앉혀놓고 개선행사가 끝날 때까지 끊임없이 큰소리로 "메멘토 모리"를 외치게 했다. '죽음을 기억하라'는 뜻의 라틴어로, 이 소리를 듣는 장군에게 '전쟁에서 승리했다고 너무 우쭐대지 말라. 오늘은 개선장군이지만, 너도 언젠가는 죽는다. 그러니 겸손하게 행동하라'는 경계의 의미를 담아 외치게 한 것이다.

죽음 앞에서 돈, 지위, 권력, 명예가 무슨 소용이 있겠는가. 죽음 앞에서는 만인이 평등하다. 그러니 죽음을 떠올리면 겸손해지지 않을 수 없다. 모든 게 사라지는 죽음을 기억하면 재물을 많이 쌓았다고, 크게 성공했다고 도취해 교만해질 일도 없다. 피할 수 없는 죽음처럼 그런 성공 역시 결국 끝날 수 있음을 염두에 둔다면 겸손해지지 않을 수 없는 것이다.

매일 죽음을 떠올리고 죽음을 생각할 필요는 없다. 하지만 아주 가끔만이라도 내일 죽을 운명이라고 가정하고 거울 앞에 자기 얼굴을 비추어 보자. 당장 겸손해지는 자신을 발견할 수 있지 않을까. 내일 죽는다면 분명히 겸손해지며 바로 '지금', '현재', '오늘'을 목숨만큼 소중히 여기지 않을까.

르네상스 시대의 이탈리아를 대표하는 천재적 미술가·과학자·사상가였던 레오나르도 다빈치. 미술사에 길이 남을 걸작을 남겼으면서도 "나는 내게 주어진 시간을 허비했다"고 한탄한 그는 이런 말을 남겼다.

> "잘 보낸 하루가 편안한 잠을 주듯이 잘 쓰인 일생은 평안한 죽음을 준다."

톨스토이의 말이다.

> "진정한 삶은 현재에 있다. 만약 사람들이 당신에게 미래를 위해 준비하는 삶을 살아야 한다고 말한다면, 믿지 말라. 우리는 현재 삶을 살고, 현재 삶만 알고, 그러므로 현재의 삶을 발전시키는 데 힘을 기울여야 한다. 모든 삶이 아니라 현재 삶의 한순간 한순간에

최선을 다해 살아야 한다."

하루하루가 쌓여 일생이 된다. 지금, 현재, 오늘을 어떻게 보내느냐에 인생의 성패가 결정된다. 죽음을 생각하지 않으면 얻을 수 없는 삶의 지혜다. 죽을 때 순서가 없다. 우리가 언제 어떻게 삶을 마무리할 지 아무도 모른다. 그렇기 때문에 당장 내일 죽더라도 후회가 없어야 한다. 범사에 감사하고, 사랑하는 가족과 주변 사람을 살뜰히 챙기고, 가고 싶은데도 맘껏 가보고, 먹고 싶은 음식도 먹으면서 현재를 열심히 살아야 한다. '평안한 죽음'은 '잘 보낸 하루'에 달려있다.

'겸손' 그리고 '현재'. 내가 '죽음'으로부터 배운 소중한 두 단어다.

남과 경쟁할 시기는 이미 지났다

　나는 수십 년 넘게 탁구와 함께했다. 하지만 불타던 승부욕을 많이 내려놓은 건 불과 1, 2년밖에 되지 않았다. 50대 후반까지도 대회에 나가면 입상을 목표로 온 힘을 쏟았다. 대회가 아닌 탁구장 경기에서도 승부에 집착했다. 나이 들어가는 것도 생각하지 않고 오직 이기려는 마음이 앞섰다.

　그러다 수년 전 연습 도중 손을 다쳐 2년이나 고생하기도 했다. 60대에 들어선 지금은 다치지 않고 80, 90대까지 건강하게 즐길 수 있길 바란다. 승부욕이 인간의 본능적인 감정인지라 내 뜻대로 전혀 발동하지 못하게 할 수는 없더라도, 탁구를 건강하게 오래 즐기는 걸 '상선(上善)'으로 삼은 게다.

이제 경쟁하는 마음을 내려놓고

30, 40대 때는 친구들이나 나이 비슷한 동료가 얼마나 잘나가는지 신경 쓰인다. 출세 가도를 달리는 친구를 보면 부러운 마음도 생기고 나도 더 열심히 해야지 하는 분발심도 높아진다. 열심히 하면 출세할 수 있는 시간과 기회가 아직 남아 있기 때문이다.

하지만 50대에 들어서면 얘기는 달라진다. 그전까지 마음 한쪽에 단단히 심지를 박고 있었던 경쟁심은 스멀스멀 사그라든다. 내 경험으로 보면 친구들 모임에서 누가 부장이 됐고 누가 임원이 됐는지는 큰 관심사가 아니다. 40대에 벌써 조기 퇴직한 경우가 적지 않아서도 그렇지만, 50대 때는 이미 직장에서 성공·실패가 판가름 난 시기여서도 그렇다. 60대가 되면 말할 것도 없다. 십중팔구 이미 퇴직한 후라 경쟁심이 생길 수 없다. 대신 내 건강이나 부모님 간병, 자녀 결혼, 손주 돌보기 등이 주된 화제가 된다.

텔레비전을 보다 보면 '경쟁 프로그램'이 눈에 많이 들어온다. 노래 경연도, 댄스 경연도 있다. 각종 서바이벌 프로그램도 시청률 경쟁을 뜨겁게 벌인다. 나는 이런 프로그램을 그다지 좋아하지 않는다. 수십 년 동안 사회생활을 하면서 경쟁을 지켜보는 것만 해도 지긋지긋한데, 마음 편히 있어야 할 집에서조차 또 치열하게 경쟁하는 모습을 보는 게 불편하게 느껴져서다. 아내는 정반대다. 좋든 싫든 인생은 경쟁의 연속인데, 출연자들이 서로 경쟁하면서 성장하는 모습을 보면 남의 자식이지만 대견하다는 생각이 든다고 한다.

내가 눈여겨본 건 이런 경쟁 프로그램 출연자의 연령층이다. 주로 10, 20대이고 기껏해야 30대다. 10~30대 때는 비슷한 연령대의 주변 인물이 잘나가는 모습을 보면 덩달아 잘하려는 의욕이 치솟는다. 경쟁심이 긍정적으로 작용하는 시기다. 반면 경쟁 프로그램에 50, 60대는 거의 등장하지 않는다. 왜 그럴까? 이 연령대는 이미 경쟁하는 시기가 지났음을 보여주는 방증이다.

불필요한 경쟁에서 벗어나 페이스메이커가 되자

마라톤은 42.195km의 거리를 달리는 경기다. 긴 거리를 달리는 경기라서 전략이 필요함은 물론이다. 그래서 등장한 것이 페이스메이커이다. 페이스 세터라고도 불리는 페이스메이커는 말 그대로 경기에서 페이스를 맞춰주는 역할을 한다. 일정한 속도나 시간을 유지해, 단순히 완주하는 것이 아니라 최고의 성적을 내는 것이 목표인 엘리트 러너들의 기록 달성을 도와주는 중요한 존재다.

페이스메이커는 초반에서 중반까지 주요 선수들 앞에서 달려 특정 속도를 유지해 준다. 그러다 일정 거리가 지나면 경기에서 빠져 나와, 나머지 선수들에게 무대를 넘겨준다. 페이스메이커 없이는 엘리트 러너들이 최고의 성적을 내기 어렵다. 마라톤에서 페이스메이커와 같은 역할을 직장에서는 50대가 한다. 열정이 넘치는 30, 40대 직원들이 최고의 성과를 낼 수 있도록 선두에 서서 그들의 경쟁을 이끌다가 때가 되면 페이스메이커처럼 그들에게 무대를 넘겨준다.

"경쟁은 혁신을 이끈다", "경쟁이 없다면, 발전도 없다", "경쟁은 기회를 만든다", "경쟁이 있을 때에야 우리는 진정한 성과를 이룰 수 있다", "경쟁은 성취와 성공의 밑거름이다", "경쟁은 우리의 열정과 역량을 더욱 빛나게 한다", "경쟁은 진보의 가속기이다"….

경쟁의 긍정성을 강조하는 말은 셀 수 없을 만큼 많다. 하지만 경쟁의 긍정적인 측면도 유효기간을 둬야 한다. 50대가 되면 동료와 벌이던 레이스도 끝난다.

"나는 나 자신 외에는 누구와도 경쟁하지 않는다. 나의 목표는 나 자신을 지속해서 향상하는 것이다."

빌 게이츠의 말이다. 때가 되면 다른 사람과의 경쟁은 내려놓고 자신과 새로운 레이스를 펼쳐야 한다. 이미 전쟁과도 같은 치열한 경쟁을 겪은 50대는 이젠 후배, 동료들과의 경쟁이 아닌 자신과의 경쟁을 준비하며 조용히 제2 인생을 설계하는 시기다.

타인과의 불필요한 경쟁심에서 벗어났을 때 마음이 자유로워지고 새로운 길을 향해 편안한 마음으로 나아갈 수 있다.

지금 이 시간에 집중하자

큰 산 하나를 넘었다. 지난 6개월간 쉼 없이 자판을 두들기며 여기까지 왔다. 회사 일과는 별개의 글쓰기라서 일과를 마친 저녁 시간이나 주말이면 오롯이 노트북 앞에 앉아 글과 씨름했다. 누가 간섭하지 않는 일이라 행여 늘어질까, 마감 시간을 정했다. 제 발로 '글 감옥'에 들어간 것이다. 전체 41개의 아이템 중 1주일에 두 개의 아이템씩 써 5개월 만에 완성하는 걸 목표로 했다.

긴장의 끈을 놓지 않고 매달린 결과, 정한 날짜 안에 초고를 완성했다. 이후 한 달 동안 첨삭하며 내용을 다듬었다. 목표한 기간 내에 원고가 완성될 수 있었던 데는 30여 년을 피 말리는 마감 시간 속에서 살아온 신문기자라는 직업 덕도 컸으리라.

글 감옥에서 살아온 반년간 무엇보다 시간의 소중함을 절감했다. 회사 업무와 함께 글쓰기, 운동은 매일 이어졌다. 새벽 5시쯤 일어나 자정 무렵 잠이 들 때까지 하루를 빈틈없이 알차게 잘 썼다는 생각이 들면 어찌나 뿌듯하던지.

누구에게나 매일 똑같이 주어지는 하루. 오늘도 어김없이 하루가 지나간다. 은퇴 후 인생 2막, 인생 후반전을 맞이하는 순간부터 오늘 하루 시간 관리는 특히 중요하다. 규율에 순응해야 하며 내 시간을 마음대로 쓸 수 없는 회사 생활과 달리 갑자기 '시간 부자'로 거듭나기 때문이다.

이 책에서 '어른다운 어른의 품격을 갖춘 시니어''인간다운 매력을 갖춘 시니어'가 되기 위해 제시한 덕목도 시간 관리가 선행돼야 제대로 실천에 옮길 수 있다. 글쓰기와 독서부터 걷기, 취미, 배움, 메모, 운동에 이르기까지 모두 탄탄한 시간관리가 이뤄져야 효율을 더 높일 수 있다. 이제 남들과 경쟁하는 데 시간을 쓰는 때는 지났다. 오로지 자신과의 경쟁 속에 시간을 알차게 써야 할 시기다.

유한한 시간을 붙잡고 사는 한 번뿐인 인생 아닌가!

늙어서 어느 날 갑자기 좋은 사람, 훌륭한 사람이 될 수는 없다. 하루하루의 삶이 모여서 인생이 되고 인격이 된다. 그러니 시간을 잘 보내야 한다.

인생의 전환기다. 인생 전반전에 물질적·사회적으로 성공하는 삶에 치중했다면, 이젠 자기 내면의 목소리에 귀를 기울여 보자. 내가 진정 무엇을 바라는지, 무엇을 해야 행복한지…. 그리하여 억눌려 있던 내면의 소망이 활짝 꽃 피우는 삶으로 방향 전환을 해보자.

큰 산 하나를 넘었다고 해서 끝이 아니다. 인생 2라운드, 인생 후반전은 죽을 때까지 계속 이어질지 모른다. 연장전 그리고 승부차기라는 이름으로…. 인생의 종착지로 가는 여정에 넘어야 할 또 다른 큰 산이 버티고 있다 해도 두려워하지 말자. 노력해서 넘지 못할 산은 없으니. 시작도 중요하지만, 마무리도 중요하다. 어쩌면 마무리가 더 중요할지 모른다. 마무리를 염두에 둘 때다. 오늘 하루, 지금 이 시간에 집중하자. 끝이 창대할 수 있도록!

감사할 분들이 많다. 이병규 회장님을 비롯한 문화일보 식구들은 전반기 내 인생의 좌표 역할을 했다. 곽영석 스테파노 회장 등 용산성당 탁구부 회원들, 김명훈 나루탁구클럽 관장과 김창준·김남규 등 회원들. 이들은 모두 탁구를 통해 만난 인생의 새로운 동반자로 내 삶에 활력을 불어넣어 주고 있다. 같은 아파트에 살며 가족처럼 지내고 있는 김신우 형님과 대학 신입생으로 만나 40여 년을 동고동락한 '진해 물개' 황보영옥은 집필하는 내내 깊은 관심을 두고 내게 한껏 힘을 실어줬다. 끝으로 이 책이 독자들과 하루라도 빨리 만날 수 있도록 성심성의를 다해 주신 윤옥초 바이북스 대표와 관계자분들에게 고마운 마음을 전한다.

참고 도서

- 루이즈 애런슨, 최가영 옮김 《나이듦에 관하여》, 비잉
- 다니엘 에이멘, 윤미나 옮김, 《뇌는 늙지 않는다》, 브레인월드
- 울리히 슈나벨, 김희상 옮김, 《행복의 중심 휴식》, 걷는나무
- 강원국, 《나는 말하듯이 쓴다》, 위즈덤하우스
- 스티븐 킹, 김진준 옮김, 《유혹하는 글쓰기》, 김영사
- 최옥정, 《2라운드 인생을 위한 글쓰기 수업》, 푸른영토
- 레프 톨스토이, 박현석 옮김, 《톨스토이 인생론》, 나래북
- 헨리 데이빗 소로우 지음, 강승영 옮김, 《월든》, 은행나무
- 법정, 《아름다운 마무리》, 문학의숲
- 최재천 지음, 《최재천 스타일》, 명진출판
- 기시미 이치로 · 고가 후미타게 지음, 전경아 옮김, 《미움받을 용기》, 인플루엔셜
- 데일 카네기, 《데일카네기의 인간관계론》, 중앙경제평론사
- 한근태, 《일생에 한번은 고수를 만나라》, 미래의창
- 사이토 다카시, 황혜숙 옮김, 《50부터는 인생관을 바꿔야 산다》, 센시오.

- 최인철, 《프레임》, 21세기북스
- 와타나베 준이치, 《나는 둔감하게 살기로 했다》, 다산초당
- 곤도 마리에, 《정리의 힘》, 웅진지식하우스
- 루키우스 안나이우스 세네카, 김경숙 옮김, 《화에 대하여》, 사이
- 고든 팻쩌, 한창호 옮김, 《룩스》, 한스미디어
- 김형석, 《백년을 살아보니》, 덴스토리
- 데이비드 실즈, 김명남 옮김, 《우리는 언젠가 죽는다》, 문학동네
- 찰스 두히그, 강주헌 옮김, 《습관의 힘》, 갤리온
- 존 레이티 · 에릭 헤이거먼 지음, 이상헌 옮김. 《운동화 신은 뇌》, 녹색지팡이.
- 최재식, 《제3기 인생 혁명》, 크레파스북
- 김경록, 《벌거벗을 용기》, 흐름출판
- 송숙희, 《내 인생 최고의 직업은?-내가 찾은 평생직업, 인포프래너》, 창해
- 이건범 외 지음, 《나는 이렇게 불리는 것이 불편합니다》, 한겨레출판
- 스테판 M. 폴란 · 마크 레빈, 노혜숙 옮김, 《다 쓰고 죽어라》, 해냄
- 이시형, 《공부하는 독종이 살아남는다》, 중앙북스
- 김용옥, 《논어한글역주》, 통나무